U0690228

中华经典一千句

（下）

方太文化研究院　编

首都师范大学出版社
CAPITAL NORMAL UNIVERSITY PRESS

图书在版编目（CIP）数据

中华经典一千句. 下 / 方太文化研究院编. -- 北京：首都师范大学出版社，2024. 11. -- ISBN 978-7-5656-8627-6

Ⅰ. K203-49

中国国家版本馆 CIP 数据核字第 2024L8U939 号

中华经典一千句　下

方太文化研究院　编

责任编辑　许　蔚

首都师范大学出版社出版发行

地　　址　北京西三环北路 105 号

邮　　编　100048

电　　话　68418523（总编室）68982468（发行部）

网　　址　http：//cnupn. cnu. edu. cn

印　　刷　天津雅泽印刷有限公司

经　　销　全国新华书店

版　　次　2024 年 11 月第 1 版

印　　次　2024 年 11 月第 1 次印刷

开　　本　800mm×1200mm　1/16

印　　张　17

字　　数　212 千

定　　价　68. 00 元

版权所有　违者必究

如有质量问题　请与出版社联系退换

出版说明

中华文化在上下五千年的历史长河和民族演进中，不断更新、兼容并包，蕴含了中华民族的精神内核，是支撑一代代华夏儿女在历史洪流中开拓创新、激流勇进的力量源泉。党的十九大报告指出"文化是一个国家、一个民族的灵魂。文化兴国运兴，文化强民族强。没有高度的文化自信，没有文化的繁荣兴盛，就没有中华民族伟大复兴"。党的十九届六中全会精神也谈到，文化自信是更基础、更广泛、更深厚的自信，是一个国家、一个民族发展中最基本、最深沉、最持久的力量，社会主义先进文化、革命文化、中华优秀传统文化要在国家文化建设中起到培根铸魂的重要作用。

多年以来，各行各业有识之士在"如何做好中华优秀文化的传承发展"上做着积极的探索。如今编辑出版《中华经典一千句》诵读本，是方太文化研究院①（以下简称太文院）在研究方太中西合璧企业经营管理实践的过程中，在中华优秀文化传承发展上的一次探索。

2008年，方太以高度的文化自信导入中华优秀传统文化，并提出"中学明道、西学优术、中西合璧、以道御术"的指导思想，已初步形成"中国特色的企业文化"，成为把中华文化与现代管理相结合的典范。方太的多年经营管理实践表明，企业管理需要建立在两条腿走路的基础上：一条腿是制度；另一条腿是信仰（文化）。如果没有信仰（如对制度的敬畏感），制度的有效性就会大打折扣；如果没有制度，就不会有良好的秩序。中学之道和西学之术是可以融为一体的。道是心的呈现，是境界和格局，是企业的核心理念；术是经营管理的体系、流程、制度、方法、工具等。道对术起到"指引、判断、提升、孕育"的作用，这种关系可以描述为"以道御术"。企业家和企业全体员工对于中华文化的学习和践行则是"以道御术"的前提和基础。

2017年，中共中央办公厅、国务院办公厅印发了《关于实施中华优秀传统文化传承发展工程的意见》（以下简称《意见》）。《意见》将"中华优秀传统文化

---

① 方太文化研究院下属于宁波杭州湾新区方太企业文化专修学校。

要贯穿国民教育始终"作为重点任务，并重申将"坚持创造性转化、创新性发展"等思想作为中华文化传承发展工作的重要指导。方太在中国特色企业文化方面的成功探索与《意见》中所提到的"用中华优秀传统文化的精髓涵养企业精神，培育现代企业文化"不谋而合。《意见》也指出，传统文化在国民教育中的一个典型体现就是"实施中华经典诵读工程"。《中华经典一千句》便是响应国家号召，集萃了浩如烟海的中华经典中十分重要的一部分核心语句的诵读教材，供广大读者，特别是企业人及其家庭使用。

本书之所以把"企业人及其家庭"作为重点读者人群，有以下两点原因。

首先，企业人的工作环境、生活节奏、学习习惯和时间与在校生有很大差异，企业人的文化学习教材也需要有个性化的特点。在《意见》提到的"国民教育的五个阶段①"中，企业教育处于继续教育②阶段，是企业员工以及企业家终身学习的重要场景。相关数据显示，2019 年年底我国已有市场主体 1.23 亿户③，截至 2023 年年末全国就业人员为 7.4 亿④。这些市场主体以及从业者在国家发展中发挥着十分重要的作用。《中华经典一千句》希望为这 7 亿多劳动者——包括劳动者背后的每一个家庭——提供学习中华经典的方便条件，降低学习门槛，用最少的句子，概要而系统地了解中华文化的核心思想。进而在这些跨越时空、经久不变的真理启发下改善劳动者生活质量、提升工作水平。全体劳动者文化素养的提升，定能够为我国企业的发展提供更强大的动力，同时也能够为国家整体发展带来更多可能。

其次，本书编者均为企业人，出版初衷也源自于企业管理实践。方太在长期的经营管理实践中总结出了简洁而又系统的中华文化学习方法"五个一"，即立一个志、读一本经、改一个过、行一次孝和日行一善。"五个一"不是方太的发明，而是中华优秀传统文化的现代转化版。"五个一"以"行为实践"为核心，抓住了文化学习的关键前提——知行合一。同时，方太也实践发现：心性即文化、文化即业务。在企业人的工作场景中，文化和业务是一不是二，文化是做业务的发心和方式，业务是文化的呈现和结果。企业员工持续践行"五个一"，能够帮助自己不断明了人生真理、觉悟生命智慧，获得物质与精神双丰收，事业与

---

① 国民教育的五个阶段包括启蒙教育、基础教育、职业教育、高等教育、继续教育。

② 继续教育是面向学校教育之后所有社会成员特别是成人的教育活动，是终身学习体系的重要组成部分。

③ 本数据参考自新华社北京 2020 年 7 月 21 日发布的《在企业家座谈会上的讲话》。

④ 本数据参考中华人民共和国人力资源和社会保障部《2023 年度人力资源和社会保障事业发展统计公报》。

生命双成长①。"五个一"当中的读一本经是方太在导入中华优秀传统文化之初（2008 年）便开始在内部推行的。从那时起，方太员工上班之后的第一件事就是诵读经典 15 分钟。长期的经典诵读是五个一行为践行的保障，是中华文化学习的基础。

如前文所述，本书所集萃的语句均为中华经典当中十分核心的语句，具有代表性、广泛性、时代性和实用性。语句筛选的具体原则有以下三项：

1. 能够尽可能呈现所属经典的核心思想；

2. 语句背后义理具有跨越时代的普适性；

3. 能够在读者面对现实问题时给予启迪。

考虑到读者的学习习惯以及能普遍接受的学习强度，本书分为上下两册，每册所集萃的语句均为 500 多句。集萃范围主要集中在"经、史、子、集"。上册重点在"经、史"，下册重点在"子、集"。

参与本书编辑的人员有来自方太企业内部深耕文化教育多年的方太学校资深教师，还有提供了大量专业建议的文化领域专家顾问。语句筛选的过程采取了语句初选、工作坊审议、专家建议、复核、标音、校对等多重把关流程。语句字形、读音、标点主要参考中华书局出版的"中华经典藏书"系列、北京教育出版社出版的"中文经典诵读系列"等。排版印刷采用较大字号，方便读者认读，同时对所有文字都进行了注音，方便读者对于生僻字及古音进行了解，省去查阅字典的麻烦，也方便少年儿童读者阅读。

另外，本书没有提供语句的注释和译文，一方面是为了避免篇幅冗长；另一方面是本书更侧重于为读者进行经典的"诵读"提供参考，而不是"解读"。诵读重在对原文的接触和熟悉，只要多读，自有浸润，自有感发，正所谓"书读百遍，其义自见"。在方太员工的日常文化学习中，诵读和解读也是两个不同的过程。对于经典的解读是在熟悉原文的基础上去看文字背后的情境和含义，以此来感悟圣贤的发心。在经典学习中，感悟圣贤发心的重要性远大于了解文字表面意思，因为这是学习者反观自我，并在自己的具体情境中创造性地学以致用的前提。

"中西合璧"是中国企业经营管理的必由之路。方太"中西合璧企业文化"的管理实践已经证明，《意见》中所提及的"用中华优秀传统文化的精髓涵养企业精神，培育现代企业文化"是可行的，中华文化十分有利于企业实现"顾客得

---

① "物质与精神双丰收，事业与生命双成长"是方太对于员工"幸福成长"的定义。

安心、员工得成长、社会得正气、经营可持续①"。基于这样的背景，方太在2018年立志"十年助力十万企业家迈向伟大企业"并发起成立了太文院，以方太中西合璧企业经营管理实践为蓝本，进行中华企业文化的研究和传播。太文院现已开办方太文化体验营、方太文化修炼营、方太文化践行营等学习产品。我们十分期待更多企业能够引入中华优秀文化来指导企业经营和员工生活，和方太一起探索伟大企业的成功之道，在做好企业的同时弘扬中华文化，助力中华民族伟大复兴。希望本书成为企业人及家人文化学习的重要读物。

本书由于篇幅有限，无法承载中华经典所有重要内容，所以难免有不到之处。因此我们十分愿意接收来自社会各界友好人士的批评指正。另外，我们也十分期待与更多企业家或相关人士开展合作交流，一起探索并传播中华企业文化，用中华文化精髓涵养企业精神。

再次感谢所有参与本书编写工作的方太内外部文化明师以及专家顾问，感谢首都师范大学出版社，让本书得以顺利出版发行。

最后，致敬奋斗在文化复兴伟大征途上的每一位志士仁人！

方太文化研究院
2024 年 6 月

---

① 这四项是方太认为"伟大企业"应该具备的四个特征。

目 录

儒家经典

佛家经典

道家经典

兵家经典

中医经典

诸子经典

儒家经典

《孔子家语》(节选)

1　昔三代明王，必敬妻子也，盖有道焉。妻也者，亲之主也。子也者，亲之后也。敢不敬与？是故，君子无不敬。敬也者，敬身为大。身也者，亲之枝也，敢不敬与？不敬其身，是伤其亲；伤其亲，是伤其本也；伤其本，则枝从之而亡。三者，百姓之象也。

——《大婚解第四》

2　儒有合志同方，营道同术；并立则乐，相下不厌；久别则闻流言不信；义同而进，不同而退。其交有如此者。

——《儒行解第五》

3　孔子曰："人有五仪：有庸人，有士人，有君子，有贤人，有圣人。审此五者，则治道毕矣。"

公曰："敢问何如斯谓之庸人？"孔子曰："所谓庸人者，心不存慎终之规，口不吐训格之言，不择贤以托其身，不力行以自定；见小暗大，而不知所务；从物如流，不知其所执，此则庸人也。"

公曰："何谓士人？"孔子曰："所谓士人者，心有所定，计有所守，虽不能尽道术之本，必有率也；虽不能备百善之美，必有处也。是故智不务多，必审其所知；言不务多，必审其所谓；行不务多，必审其所由。智既知之，言既道之，行既由之，则若性命之于形骸不可易也；富贵不足以益，贫贱不足以损，此则士人也。"

公曰："何谓君子？"孔子曰："所谓君子者，言必忠信，而心不怨；仁义在身，而色无伐；思虑通明，而辞不专；笃行信道，自强不息，油然

儒家经典——孔子家语

若将可越，而终不可及者，君子也。"

公曰："何谓贤人？"孔子曰："所谓贤人者，德不逾闲，行中规绳，言足以法于天下，而不伤于身；道足以化于百姓，而不伤于本；富则天下无宛财，施则天下不病贫，此贤者也。"

公曰："何谓圣人？"孔子曰："所谓圣人者，德合于天地，变通无方，穷万事之终始，协庶品之自然，敷其大道，而遂成情性；明并日月，化行若神，下民不知其德，睹者不识其邻，此谓圣人也。"

——《五仪解第七》

4　　子贡问于孔子曰："死者有知乎？将无知乎？"子曰："吾欲言死之有知，将恐孝子顺孙妨生以送死；吾欲言死之无知，将恐不孝之子弃其亲而不葬。赐不欲知死者有知与无知，非今之急，后自知之。"

——《致思第八》

5　孔子曰："君子有三思，不可不察也。少而不学，长无能也；老而不教，死莫之思也；有而不施，穷莫之救也。故君子少思其长则务学，老思其死则务教，有思其穷则务施。"

——《三恕第九》

6　孔子曰："良药苦于口而利于病，忠言逆于耳而利于行。汤、武以谔谔而昌，桀、纣以唯唯而亡。君无争臣，父无争子，兄无争弟，士无争友，无其过者，未之有也。"

——《六本第十五》

7　不知其子视其父，不知其人视其友，不知其君视其所使，不知其地视其草木。故曰：与善人居，如入芝兰之室，久而不闻其香，即与之化矣。与不善人居，如入鲍鱼之肆，久而不闻其臭，亦与之化矣。丹之所藏者赤，漆之所藏者黑，是以君子必慎其所与处者焉。

——《六本第十五》

8　　颜回问于孔子曰：“成人之行若何？”子曰：
"达于情性之理，通于物类之变，知幽明之故，
睹游气之原，若此可谓成人矣。既能成人，而又
加之以仁义礼乐，成人之行也，若乃穷神知礼，
德之盛也。"

——《颜回第十八》

9　　孔子曰：“夫人君而无谏臣则失正，士而无
教友则失听。御狂马不释策，操弓不反檠。木受
绳则直，人受谏则圣。"

——《子路初见第十九》

10　　孟武伯见孔子而问曰：“此二孺子之幼也，
于学岂能识于壮哉？”孔子曰：“然。少成则若
性也，习惯若自然也。"

——《七十二弟子解第三十八》

11　　孔子曰：“不祥有五，而东益不与焉。夫损
人自益，身之不祥；弃老而取幼，家之不祥；

释贤而用不肖，国之不祥；老者不教，幼者不学，俗之不祥；圣人伏匿，愚者擅权，天下不祥。"

——《正论解第四十一》

12　夫知为人子者，然后可以为人父；知为人臣者，然后可以为人君；知事人者，然后可以使人。

——《曲礼子夏问第四十三》

《曾子全集》（节选）

1 曾子曰："君子攻其恶，求其过，强其所不能，去私欲，从事于义，可谓学矣。"

——《曾子立事》

2 君子爱日以学，及时以行，难者弗辟，易者弗从，唯义所在。日旦就业，夕而自省思，以殁其身，亦可谓守业矣。

——《曾子立事》

3 君子不绝人之欢，不尽人之礼；来者不豫，往者不嗔；去之不谤，就之不赂，亦可谓忠矣。

——《曾子立事》

4 富以苟不如贫以誉，生以辱不如死以荣。辱可避，避之而已矣；及其不可避也，君子视死

ruò guī
若归。

——《曾子制言上》

5　良贾深藏若虚，君子有盛教如无。

——《曾子制言上》

6　天道日圆，地道日方，方曰幽而圆曰明。明者，吐气者也，是故外景；幽者，含气者也，是故内景。故火日外景，而金水内景。吐气者施，而含气者化，是以阳施而阴化也。阳之精气曰神，阴之精气曰灵。神灵者，品物之本也，而礼乐仁义之祖也，而善否治乱所由兴作也。

——《曾子天圆》

《荀子》（节选）

1　积土成山，风雨兴焉；积水成渊，蛟龙生焉；积善成德，而神明自得，圣心备焉。故不积跬步，无以至千里；不积小流，无以成江海。骐骥一跃，不能十步；驽马十驾，功在不舍。锲而舍之，朽木不折；锲而不舍，金石可镂。

——《劝学》

2　学恶乎始？恶乎终？曰：其数则始乎诵经，终乎读礼；其义则始乎为士，终乎为圣人。真积力久则入。学至乎没而后止也。故学数有终，若其义则不可须臾舍也。为之，人也；舍之，禽兽也。

——《劝学》

3　故非我而当者，吾师也；是我而当者，吾友也；谄谀我者，吾贼也。故君子隆师而亲友，以致恶其贼。好善无厌，受谏而能诫，虽欲无进，得乎哉？小人反是，致乱而恶人之非己也。

——《修身》

4　志意修则骄富贵，道义重则轻王公，内省而外物轻矣。传曰："君子役物，小人役于物。"此之谓矣。身劳而心安，为之；利少而义多，为之。

——《修身》

5　公生明，偏生暗，端悫生通，诈伪生塞，诚信生神，夸诞生惑。此六生者，君子慎之，而禹、桀所以分也。

——《不苟》

6　以德覆君而化之，大忠也；以德调君而辅之，次忠也；以是谏非而怒之，下忠也；不恤君

之荣辱，不恤国之臧否，偷合苟容，以之持禄养

交而已耳，国贼也。

——《臣道》

7　礼有三本：天地者，生之本也；先祖者，类

之本也；君师者，治之本也。无天地，恶生？无

先祖，恶出？无君师，恶治？三者偏亡焉，无

安人。

——《礼论》

8　人何以知道？曰：心。心何以知？曰：虚壹

而静。心未尝不臧也，然而有所谓虚；心未尝不

两也，然而有所谓壹；心未尝不动也，然而有所

谓静。

——《解蔽》

9　国将兴，必贵师而重傅，贵师而重傅，则法

度存。国将衰，必贱师而轻傅；贱师而轻傅，则

人有快；人有快则法度坏。

——《大略》

10　尧问于舜曰：“我欲致天下，为之奈何？”对曰：“执一无失，行微无怠，忠信无倦，而天下自来。”

——《尧问》

《大戴礼记》(节选)

1 凡人之智，能见已然，不能见将然。礼者，禁于将然之前；而法者，禁于已然之后。是故法之用易见，而礼之所为生难知也。

——《礼察第四十六》

2 易曰："正其本，万物理；失之毫厘，差之千里。"故君子慎始也。

——《保傅第四十八》

3 是以国不务大，而务得民心；佐不务多，而务得贤臣。得民心者民从之，有贤佐者士归之。

——《保傅第四十八》

4 公曰："用兵者，其由不祥乎?"子曰："胡为其不祥也?圣人之用兵也，以禁残止暴于天下也。及后世贪者之用兵也，以刈百姓，危国家也。"

——《用兵第七十五》

5　是故食水者善游能寒，食土者无心而不息，食木者多力而拂，食草者善走而愚，食叶者有丝而蛾，食肉者勇敢而捍，食谷者智惠而巧，食气者神明而寿，不食者不死而神。

——《易本命第八十一》

《春秋繁露》(节选)

1　《春秋》之道，奉天而法古。是故虽有巧手，弗修规矩，不能正方圆；虽有察耳，不吹六律，不能定五音；虽有知心，不览先王，不能平天下。然则先王之遗道，亦天下之规矩六律已。故圣者法天，贤者法圣，此其大数也。得大数而治，失大数而乱，此治乱之分也。

——《楚庄王第一》

2　故位尊而施仁，藏神而见光者，天之行也。故为人主者，法天之行，是故内深藏，所以为神；外博观，所以为明也；任群贤，所以为受成；乃不自劳于事，所以为尊也；泛爱群生，不以喜怒赏罚，所以为仁也。故为人主者，以无为为道，以不私为宝，立无为之位，而乘备具之官，足不自动，而相者导进，口不自言，而摈者赞辞，心不自虑，而群臣效当，故莫见其为之而功成矣，此人主所以法天之行也。

——《离合根第十八》

3　故圣人之制民，使之有欲，不得过节；使之敦朴，不得无欲；无欲有欲，各得以足，而君道得矣。国之所以为国者，德也，君之所以为君者，威也，故德不可共，威不可分，德共则失恩，威分则失权，失权则君贱，失恩则民散，民散则国乱，君贱则臣叛。是故为人君者，固守其德，以附其民，固执其权，以正其臣。

——《保位权第二十》

4　天之生人也，使人生义与利，利以养其体，义以养其心，心不得义，不能乐；体不得利，不能安。义者，心之养也；利者，体之养也。体莫

儒家经典——春秋繁露

贵于心，故养莫重于义，义之养生人大于利。

——《身之养重于义第三十一》

5　仁人者，正其道不谋其利，修其理不急其功，致无为而习俗大化，可谓仁圣矣，三王是也；春秋之义，贵信而贱轴诈，轴诈人而胜之，虽有功，君子弗为也。

——《对胶西王越大夫不得为仁第三十二》

6　故君子道至，气则华而上，凡气从心，心，气之君也，何为而气不随也，是以天下之道者，皆言内心其本也。故仁人之所以多寿者，外无贪而内清净，心和平而不失中正，取天地之美，以养其身，是其且多且治。鹤之所以寿者，无宛气于中，是故食不冰；猿之所以寿者，好引其末，是故气四越。

——《循天之道第七十七》

《韩诗外传》(节选)

1　吾闻德行宽裕，守之以恭者荣；土地广大，守之以俭者安；禄位尊盛，守之以卑者贵；人众兵强，守之以畏者胜；聪明睿智，守之以愚者善；博闻强记，守之以浅者智。夫此六者，皆谦德也。

——《卷三·天子之位》

2　以道覆君而化之，是谓大忠也；以德调君而辅之，是谓次忠也；以谏非君而怨之，是谓下忠也；不恤乎公道之达义，偷合苟同，以持禄养者，是谓国贼也。

——《卷四·以道覆君》

3　东郭先生曰："目者，心之符也；言者，行之指也。夫知者之于人也，未尝求知而后能知也，观容貌，察气志，定取舍，而人情毕矣。"

诗曰："他人有心，予忖度之。"

——《卷四·国人知之》

4　君者，民之源也，源清则流清，源浊则流浊。故有社稷者，不能爱其民，而求民亲己爱己，不可得也。民不亲不爱，而求为己用，为己死，不可得也。

——《卷五·民之源也》

5　故独视不若与众视之明也，独听不若与众听之聪也，独虑不若与众虑之工也。故明主使贤臣辐凑并进，所以通中正而致隐居之士。诗曰："先民有言，询于刍荛。"此之谓也。

——《卷五·广厦之下》

6　福生于无为，而患生于多欲。知足，然后富从之，德宜君人，然后贵从之。故贵爵而贱德

zhě suī wéi tiān zǐ bù zūn yǐ tān wù ér bù zhī zhǐ zhě suī yǒu
者，虽为天子，不尊矣；贪物而不知止者，虽有

tiān xià bù fù yǐ
天下，不富矣。

——《卷五·德宜君人》

kǒng zǐ yuē míng wáng yǒu sān jù yī yuē chù zūn wèi ér kǒng bù
7　　孔子曰："明王有三惧：一曰处尊位而恐不

wén qí guò èr yuē dé zhì ér kǒng jiāo sān yuē wén tiān xià zhī zhì dào ér
闻其过，二曰得志而恐骄，三曰闻天下之至道而

kǒng bù néng xíng
恐不能行。

——《卷七·不闻其过》

《说苑》(节选)

1 人君之道，清净无为，务在博爱，趋在任贤；广开耳目，以察万方；不固溺于流俗，不拘系于左右；廓然远见，踔然独立；屡省考绩，以临臣下。此人君之操也。

——《君道》

2 尧存心于天下，加志于穷民，痛万姓之罹罪，忧众生之不遂也。有一民饥，则曰："此我饥之也。"有一人寒，则曰："此我寒之也。"一民有罪，则曰："此我陷之也。"仁昭而义立，德博而化广。故不赏而民劝，不罚而民治。先恕而后教，是尧道也。

——《君道》

3 贤臣之事君也，受官之日，以主为父，以国为家，以士人为兄弟。故苟有可以安国家，利人民者，不避其难，不惮其劳，以成其义。

——《建本》

4 子路曰："不能甘勤苦，不能恬贫穷，不能轻死亡，而曰我能行义，吾不信也。"

——《立节》

5 圣王布德施惠，非求报于百姓也；郊望禘尝，非求报于鬼神也。山致其高，云雨起焉；水致其深，蛟龙生焉；君子致其道德，而福禄归焉。夫有阴德者必有阳报，有隐行者必有昭名。

——《贵德》

6 治国有二机，刑德是也。王者尚其德而希其刑，霸者刑德并凑，强国先其刑而后德。夫刑德者，化之所由兴也。

——《政理》

7　智而用私，不如愚而用公，故曰巧伪不如拙诚。学问不倦，所以治己也；教诲不厌，所以治人也。所以贵虚无者，得以应变而合时也。

——《谈丛》

8　富在知足，贵在求退。先忧事者后乐，先傲事者后忧。福在受谏，存之所由也。

——《谈丛》

9　凡善之生也，皆学之所由。一室之中，必有主道焉，父母之谓也。故君正则百姓治，父母正则子孙孝慈。是以孔子家儿不知骂，曾子家儿不知怒。所以然者，生而善教也。

——《杂言》

10　传曰："周公位尊愈卑，胜敌愈惧，家富愈俭。"故周氏八百余年，此之谓也。

——《反质》

《法言》(节选)

1　学以治之，思以精之，朋友以磨之，名誉以崇之，不倦以终之，可谓好学也已矣。

——《学行卷第一》

2　修身以为弓，矫思以为矢，立义以为的，奠而后发，发必中矣。

——《修身卷第三》

3　天下有三门：由于情欲，入自禽门；由于礼义，入自人门；由于独智，入自圣门。

——《修身卷第三》

4　或曰："孰为中国？"曰："五政之所加，七赋之所养，中于天地者为中国。过此而往者，人也哉？"

——《问道卷第四》

儒家经典——法言

5　或曰："齐得夷吾而霸，仲尼曰小器。请问大器。"曰："大器其犹规矩准绳乎？先自治而后治人之谓大器。"

——《先知卷第九》

6　或问："君子之柔刚。"曰："君子于仁也，柔；于义也，刚。"

——《君子卷第十二》

《盐铁论》（节选）

1　太公曰："一家害百家，百家害诸侯，诸侯害天下，王法禁之。"今放民于权利，罢盐铁以资暴强，遂其贪心，众邪群聚，私门成党，则强御日以不制，而并兼之徒奸形成也。

——《禁耕第五》

2　故治大者不可以烦，烦则乱；治小者不可以怠，怠则废。《春秋》曰："其政恢卓，恢卓可以为卿相。其政察察，察察可以为匹夫。"

——《刺复第十》

3　无鞭策，虽造父不能调驷马。无势位，虽舜禹不能治万民。

——《论儒第十一》

4　是以圣王怀四方独苦，兴师推却胡越，远寇安灾，散中国肥饶之余，以调边境，边境强，则中国安，中国安则晏然无事。

——《地广第十六》

5　政教闇而不著，百姓颠蹶而不扶，犹赤子临井焉，听其入也。若此，则何以为民父母？故君子急于教，缓于刑。刑一而正百，杀一而慎万。

——《疾贪第三十三》

6　古之用师，非贪壤土之利，救民之患也。民思之，若旱之望雨，箪食壶浆，以逆王师。故忧人之患者，民一心而归之，汤武是也。不爱民之死，力尽而溃叛者，秦王是也。

——《伐功第四十五》

《潜夫论》(节选)

1　先圣之智，心达神明，性直道德，又造经典以遗后人。试使贤人君子，释于学问，抱质而行，必弗具也；及使从师就学，按经而行，聪达之明，德义之理，亦庶矣。是故圣人以其心来造经典，后人以经典往合圣心也，故修经之贤，德近于圣矣。

——《赞学第一》

2　夫为国者以富民为本，以正学为基。民富乃可教，学正乃得义，民贫则背善，学淫则诈伪，入学则不乱，得义则忠孝。故明君之法，务此二者，以为成太平之基，致休征之祥。

——《务本第二》

3　夫富民者，以农桑为本，以游业为末；百工者，以致用为本，以巧饰为末；商贾者，以通货为本，以鬻奇为末。三者守本离末则民富，离本守末则民贫，贫则厄而忘善，富则乐而可教。

——《务本第二》

4　教训者，以道义为本，以巧辩为末；辞语者，以信顺为本，以诡丽为末；列士者以孝悌为本，以交游为末；孝悌者，以致养为本，以华观为末；人臣者，以忠正为本，以媚爱为末。五者守本离末则仁义兴，离本守末则道德崩。慎本略末犹可也，舍本务末则恶矣。

——《务本第二》

5　是以贤人智士之于子孙也，厉之以志，弗厉以诈；劝之以正，弗劝以诈；示之以俭，弗示以奢；贻之以言，弗贻以财。是故董仲舒终身不问家事，而疏广不遗赐金。子孙若贤，不待多富，若其不贤，则多以征怨。故曰无德而贿丰，祸之胎也。

——《遏利第三》

6　上医医国，其次下医医疾。夫人治国，固治身之象。疾者身之病，乱者国之病也。身之病待医而愈，国之乱待贤而治。治身有黄帝之术，治世有孔子之经。然病不愈而乱不治者，非针石之法误，而五经之言诬也，乃因之者非其人。

——《思贤第八》

7　婴儿常病，伤饱也；贵臣常祸，伤宠也。父母常失，在不能已于媚子；人君常过，在不能已于骄臣。

——《忠贵第十一》

8　是故上圣不务治民事而务治民心，故曰："听讼，吾犹人也。必也使无讼乎！"导之以德，齐之以礼，务厚其情而明则务义，民亲爱则无相

害伤之意，动思义则无奸邪之心。夫若此者，非
法律之所使也，非威刑之所强也，此乃教化之所
致也。

——《德化第三十三》

《中论》(节选)

1 志者，学之师也；才者，学之徒也。学者不患才之不赡，而患志之不立。是以为之者亿兆，而成之者无几。故君子必立其志。

——《治学第一》

2 君子之于己也，无事而不惧焉；我之有善，惧人之未吾好也；我之有不善，惧人之必吾恶也；见人之善，惧我之不能修也；见人之不善，惧我之必若彼也。

——《修本第三》

3 世之治也，行善者获福，为恶者得祸。及其乱也，行善者不获福，为恶者不得祸，变数也。智者不以变数疑常道，故循福之所自来，防祸之所由至也。遇不遇，非我也，其时也。

——《修本第三》

4　夫施吉报凶谓之命，施凶报吉谓之幸，守其所志而已矣。《易》曰："君子以致命遂志。"然行善而获福犹多，为恶而不得祸犹少，总夫二者，岂可舍多而从少也？曾子曰："人而好善，福虽未至，祸其远矣；人而不好善，祸虽未至，福其远矣。"

——《修本第三》

5　夫闻过而不改，谓之丧心；思过而不改，谓之失体。失体丧心之人，祸乱之所及也。君子舍旃。

——《贵验第五》

6　艺者，以事成德者也；德者，以道率身者也；艺者，德之枝叶也；德者，人之根干也。斯二物者，不偏行，不独立。木无枝叶则不能丰其

034

根干，故谓之瘣；人无艺则不能成其德，故谓之野。若欲为夫君子，必兼之乎。

——《艺纪第七》

7　夫辩者，求服人心也，非屈人口也。故辩之为言别也，为其善分别事类而明处之也。非谓言辞切给，而以陵盖人也。

——《核辩第八》

儒家经典——中论

shēn jiàn
《申鉴》(节选)

1
gù fán zhèng zhī dà jīng   fǎ jiào ér yǐ yǐ   jiào zhě   yáng zhī huà
故凡政之大经，法教而已矣。教者，阳之化
yě   fǎ zhě   yīn zhī fú yě
也；法者，阴之符也。

zhèng tǐ dì yī
——《政体第一》

2
jiào huà zhī fèi   tuī zhōng rén ér zhuì yú xiǎo rén zhī yù   jiào huà zhī
教化之废，推中人而坠于小人之域；教化之
xíng   yǐn zhōng rén ér nà yú jūn zǐ zhī tú   shì wèi zhāng huà
行，引中人而纳于君子之途，是谓章化。

zhèng tǐ dì yī
——《政体第一》

3
wèn tōng yú dào zhě qí shǒu yuē   yǒu yī yán ér kě cháng xíng zhě   shù
问通于道者其守约，有一言而可常行者，恕
yě   yǒu yī xíng ér kě cháng lǚ zhě   zhèng yě   shù zhě   rén zhī shù
也；有一行而可常履者，正也。恕者，仁之术
yě   zhèng zhě   yì zhī yào yě   zhì zāi   cǐ wèi dào gēn   wàn huà cún
也；正者，义之要也。至哉，此谓道根，万化存
yān ěr
焉尔。

zhèng tǐ dì yī
——《政体第一》

4
jìn zhōng yǒu sān shù   yī yuē fáng   èr yuē jiù   sān yuē jiè   xiān
进忠有三术：一曰防，二曰救，三曰戒。先

其未然谓之防，发而止之谓之救，行而责之谓之戒。防为上，救次之，戒为下。

——《杂言上第四》

5　　人之所以立德者三：一曰贞，二曰达，三曰志。贞以为质，达以行之，志以成之，君子哉。必不得已也，守一于兹，贞其主也。人之所以立检者四：诚其心，正其志，实其事，定其分。心诚则神明应之，况于万民乎？志正则天地顺之，况于万物乎？事实则功立，分定则不淫。

——《杂言下第五》

6　　性虽善，待教而成，性虽恶，待法而消。唯上智下愚不移，其次善恶交争，于是教扶其善，法抑其恶，得施之九品，从教者半，畏刑者四分之三，其不移大数，九分之一也。一分之中，又有微移者矣。

——《杂言下第五》

《中说》（节选）

1 贾琼问君子之道。子曰："必先恕乎？"曰："敢问恕之说。"子曰："为人子者，以其父之心为心；为人弟者，以其兄之心为心。推而达之于天下，斯可矣。"

—— 《天地篇》

2 房玄龄问事君之道。子曰："无私。"问使人之道。曰："无偏。"曰："敢问化人之道。"子曰："正其心。"问礼乐。子曰："王道盛则礼乐从而兴焉，非尔所及也。"

—— 《事君篇》

3 李密问英雄。子曰："自知者英，自胜者雄。"问勇。子曰："必也义乎？"

—— 《周公篇》

4　子曰："处贫贱而不慑，可以富贵矣；僮仆称其恩，可以从政矣；交游称其信，可以立功矣。"

——《问易篇》

5　子曰："以势交者，势倾则绝；以利交者，利穷则散。故君子不与也。"

——《礼乐篇》

6　子曰："不勤不俭，无以为人上也。"

——《关朗篇》

儒家经典——中说

《张子全书》（节选）

zhāng zǐ quán shū

1 大其心则能体天下之物，物有未体，则心为有外。世人之心，止于闻见之狭。圣人尽性，不以见闻梏其心，其视天下无一物非我，孟子谓尽心则知性知天以此。天大无外，故有外之心不足以合天心。见闻之知，乃物交而知，非德性所知；德性所知，不萌于见闻。

——《正蒙》

2 故天地之塞，吾其体；天地之帅，吾其性。民，吾同胞，物，吾与也。大君者，吾父母宗子也；其大臣，宗子之家相也。尊高年，所以长其长；慈孤弱，所以幼其幼。圣，其合德，贤，其秀也。凡天下疲癃残疾、惸独鳏寡，皆吾兄弟之颠连而无告者也。

——《正蒙》

3 家人，君子以言有物而行有恒。家道之始，始诸饮食烹饪，故曰"风自火出"。家人，道在于烹爨，一家之政，乐不乐、平不平皆系乎此。

——《易说》

4 为学大益，在自求变化气质。不尔，皆为人之弊，卒无所发明，不得见圣人之奥。

——《张子语录》

5 人教小童亦可取益，绊己不出入，一益也；授人数数，己亦了此文义，二益也；对之必正衣冠，尊瞻视，三益也；常以因己而坏人之才为忧，则不敢惰，四益也。

——《张子语录》

6 古之教人，先使有以乐之者，如操缦、博依。如此则心乐，乐则道义生。今无此以致乐，专义

理自得以为乐。然学者太苦，思不从容，第恐进

锐退速，苦其难而不知其益，莫能安乐也。

——《礼记说》

7　　一国一家一身，皆在处其身。能处一身则能

处一家，能处一家则能处一国，能处一国则能处

天下。心为身本，家为国本，国为天下本。心能

运身，心所不欲，身能行乎？

——《礼记说》

《朱子语类》(节选)

1 明道云："天地之常，以其心普万物而无心；圣人之常，以其情顺万事而无情。"说得最好。

——《理气上·太极天地上》

2 问："子孙祭祀，却有感格者，如何？"曰："毕竟子孙是祖先之气。他气虽散，他根却在这里；尽其诚敬，则亦能呼召得他气聚在此。如水波样，后水非前水，后波非前波，然却通只是一水波。子孙之气与祖考之气，亦是如此。他那个当下自散了，然他根却在这里。"

——《鬼神》

3 心之全体湛然虚明，万理具足，无一毫私欲之间；其流行该遍，贯乎动静，而妙用又无不在焉。故以其未发而全体者言之，则性也；以其已发而妙用者言之，则情也。

——《性理二·性情心意等名义》

4　　古者初年入小学，只是教之以事，如礼乐射御书数及孝弟忠信之事。自十六七入大学，然后教之以理，如致知、格物及所以为忠信孝弟者。

——《学一·小学》

5　　学者大要立志。所谓志者，不道将这些意气去盖他人，只是直截要学尧舜。"孟子道性善，言必称尧舜。"此是真实道理。"世子自楚反，复见孟子。孟子曰：'世子疑吾言乎？夫道一而已矣。'"这些道理，更无走作，只是一个性善可至尧舜，别没去处了。

——《学二·总论为学之方》

6　　读书须是虚心切己。虚心，方能得圣贤意；切己，则圣贤之言不为虚说。看文字须是虚心。莫先立己意，少刻多错了。又曰："虚心切己。

虚心则见道理明；切己，自然体认得出。"

——《学五·读书法下》

7　问："饮食之间，孰为天理，孰为人欲？"曰："饮食者，天理也；要求美味，人欲也。"

——《学七·力行》

8　某要人先读《大学》，以定其规模；次读《论语》，以立其根本；次读《孟子》，以观其发越；次读《中庸》，以求古人之微妙处。

——《大学一·纲领》

9　人自有人心、道心，一个生于血气，一个生于义理。饥寒痛痒，此人心也；恻隐、羞恶、是非、辞逊，此道心也。虽上智亦同。一则危殆而难安，一则微妙而难见。"必使道心常为一身之主，而人心每听命焉"，乃善也。

——《中庸一·章句序》

10　读书须是成诵，方精熟。今所以记不得，说不去，心下若存若亡，皆是不精不熟之患。若晓得义理，又皆记得，固是好。若晓文义不得，只背得，少间不知不觉，自然相触发，晓得这义理。盖这一段文义横在心下，自是放不得，必晓而后已。若晓不得，又记不得，更不消读书矣！

——《朱子十八·训门人九》

《陆九渊集》 (节选)

1　大抵为学，但当孜孜进德修业，使此心于日用间戕贼日少，光润日著，则圣贤垂训，向以为盘根错节未可遽解者，将涣然冰释，怡然理顺，有不加思而得之者矣。

——《与刘深父》

2　道理无奇特，乃人心所固有，天下所共由，岂难知哉？但俗习缪见，不能痛省勇改，则为隔碍耳。

——《与严泰伯》

3　读书切戒在慌忙，涵泳工夫兴味长。未晓莫妨权放过，切身须要急思量。自家主宰常精健，逐外精神徒损伤。寄语同游二三子，莫将言语坏

tiān cháng
天常。

——《语录》

4　苟学有本领，则知之所及者，及此也；仁之

所守者，守此也；时习之，习此也。说者说此，

乐者乐此，如高屋之上建瓴水矣。学苟知本，

《六经》皆我注脚。

——《语录》

5　请尊兄即今自立，正坐拱手，收拾精神，自

作主宰，万物皆备于我，有何欠缺！当恻隐时自

然恻隐，当羞恶时自然羞恶，当宽裕温柔时自然

宽裕温柔，当发强刚毅时自然发强刚毅。

——《语录》

6　先生自三四岁时，思天地何所穷际不得，至

于不食。宣教公呵之，遂姑置，而胸中之疑终

在。后十余岁，因读古书至"宇宙"二字，解者

曰："四方上下曰宇，往古来今曰宙。"忽大省

曰：“元来无穷。人与天地万物，皆在无穷之中也。”乃援笔书曰：“宇宙内事乃己分内事，己分内事乃宇宙内事。”又曰：“宇宙便是吾心，吾心便是宇宙。东海有圣人出焉，此心同也，此理同也；西海有圣人出焉，此心同也，此理同也；南海、北海有圣人出焉，此心同也，此理同也。千百世之上至千百世之下，有圣人出焉，此心此理，亦莫不同也。”

——《年谱》

《明夷待访录》（节选）

1　有生之初，人各自私也，人各自利也，天下有公利而莫或兴之，有公害而莫或除之。有人者出，不以一己之利为利，而使天下受其利，不以一己之害为害，而使天下释其害。此其人之勤劳，必千万于天下之人。

——《原君》

2　盖天下之治乱，不在一姓之兴亡，而在万民之忧乐。

——《原臣》

3　三代之法，藏天下于天下者也：山泽之利不必其尽取，刑赏之权不疑其旁落，贵不在朝廷也，贱不在草莽也。

——《原法》

4　学校，所以养士也。然古之圣王，其意不仅此也，必使治天下之具皆出于学校，而后设学校之意始备。

——《学校》

5　使文武合为一途，为儒生者知兵书战策非我分外，习之而知其无过高之论，为武夫者知亲上爱民为用武之本，不以粗暴为能，是则皆不可叛之人也。

——《兵制》

6　治天下者既轻其赋敛矣，而民间之习俗未去，蛊惑不除，奢侈不革，则民仍不可使富也。

——《财计》

《日知录》(节选)

1　传曰:"人无衅焉,妖不自作。"故孔子对哀公,以老者不教、幼者不学为俗之不祥。荀子曰:"人有三不祥,幼而不肯事长,贱而不肯事贵,不肖而不肯事贤,是人之三不祥也。"而武王胜殷,得二俘而问焉,曰:"若国有妖乎?"一俘对曰:"吾国有妖,昼见星而天雨血。"一俘对曰:"此则妖也,非其大者也。吾国之妖,子不听父,弟不听兄,君令不行,此妖之大者也。"武王避席再拜之。

——《卷三》

2　慈溪黄氏曰:"天下之理无所不在,而人之未能以贯通者,己私间之也。尽己之谓忠,推己及人之谓恕。忠恕既尽，己私乃克，此理所在，斯能贯通。故忠恕者，所以能一以贯之者也。"

——《卷七》

3　"天地有正气，杂然赋流形。下则为河岳，上则为日星。"可以谓之知生矣。"孔曰成仁，孟曰取义，而今而后，庶几无愧！"可以谓之知死矣。

——《卷七》

4　有亡国，有亡天下，亡国与亡天下奚辨？曰："易姓改号谓之亡国。仁义充塞，而至于率兽食人，人将相食，谓之亡天下。魏晋人之清谈，何以亡天下？是孟子所谓杨、墨之言，至于使天下无父无君，而入于禽兽者也。"

——《卷十三》

5　是故知保天下，然后知保其国。保国者，其君其臣，肉食者谋之；保天下者，匹夫之贱与有责焉耳矣。

——《卷十三》

6 《孟子》曰"人不可以无耻，无耻之耻，无耻矣"，又曰"耻之于人大矣，为机变之巧者，无所用耻焉"。所以然者，人之不廉而至于悖礼犯义，其原皆生于无耻也，故士大夫之无耻，是谓国耻，吾观三代以下，世衰道微，弃礼义，捐廉耻，非一朝一夕之故。然而松柏后雕于岁寒，鸡鸣不已于风雨，彼昏之日，固未尝无独醒之人也。

——《卷十三》

7 教化者，朝廷之先务；廉耻者，士人之美节；风俗者，天下之大事。朝廷有教化，则士人有廉耻；士人有廉耻，则天下有风俗。

——《卷十三》

《船山全书》（节选）

1　有豪杰而不圣贤者矣，未有圣贤而不豪杰者也。能兴即谓之豪杰。兴者，性之生乎气者也。拖沓委顺当世之然而然，不然而不然，终日劳而不能度越于禄位田宅妻子之中，数米计薪，日以挫其志气，仰视天而不知其高，俯视地而不知其厚，虽觉如梦，虽视如盲，虽勤动其四体而心不灵，惟不兴故也。圣人以《诗》教以荡涤其浊心，震其暮气，纳之于豪杰而后期之以圣贤，此救人道于乱世之大权也。

——《俟解》

2　盖王者之治天下，不外乎政教之二端。语其本末，则教本也，政末也；语其先后，则政立而

hòu jiào kě shī yān
后教可施焉。

—— 《礼记章句》

3　　fú yù chéng tiān xià zhī wù　bì xiáng qí lǐ　yù tōng tiān xià zhī
夫欲成天下之务，必详其理；欲通天下之

zhì　bì dá qí qíng
志，必达其情。

—— 《宋论》

4　　tiān xià yǒu dìng lǐ ér wú dìng fǎ　dìng lǐ zhě　zhī rén ér yǐ
天下有定理而无定法。定理者，知人而已

yǐ　ān mín ér yǐ yǐ　jìn xián yuǎn jiān ér yǐ yǐ　wú dìng fǎ zhě
矣，安民而已矣，进贤远奸而已矣；无定法者，

yī xīng yī fèi yī fán yī jiǎn zhī jiān　yīn hū shí ér bù kě zhí yě
一兴一废一繁一简之间，因乎时而不可执也。

—— 《读通鉴论》

5　　tiān xià suǒ jí zhòng ér bù kě qiè zhě èr　tiān zǐ zhī wèi yě　shì
天下所极重而不可窃者二：天子之位也，是

wèi zhì tǒng　shèng rén zhī jiào yě　shì wèi dào tǒng　zhì tǒng zhī luàn　xiǎo
谓治统；圣人之教也，是谓道统。治统之乱，小

rén qiè zhī　dào zéi qiè zhī　yí dí qiè zhī　bù kě yǐ yǒng shì ér quán
人窃之，盗贼窃之，夷狄窃之，不可以永世而全

shēn　qí xìng ér shù chuán zhě　zé bì yǒu rì yuè shī guǐ　wǔ xīng nì
身；其幸而数传者，则必有日月失轨、五星逆

xíng　dōng léi xià xuě　shān bēng dì chè　báo fēi shuǐ yì　cǎo mù wéi
行、冬雷夏雪、山崩地坼、雹飞水溢、草木为

yāo　qín chóng wéi niè zhī yì　tiān dì bù néng bǎo qí qīng níng　rén mín bù
妖、禽虫为孽之异，天地不能保其清宁，人民不

néng quán qí shòu mìng　yǐ yìng zhī bù shuǎng　dào tǒng zhī qiè　mù hóu ér
能全其寿命，以应之不爽。道统之窃，沐猴而

冠，教猱而升木，尸名以徼利，为夷狄盗贼之羽翼，以文致之为圣贤，而恣为妖妄，方且施施然谓守先王之道以化成天下；而受罚于天，不旋踵而亡。

——《读通鉴论》

6　若夫百王不易、千圣同原者，其大纲，则明伦也，察物也；其实政，则敷教也，施仁也；其精意，则祗台也，跻敬也，不显之临、无射之保也；此则圣人之道统，非可窃者也。

——《读通鉴论》

7　儒者之统与帝王之统并行于天下，而互为兴替。其合也，天下以道而治，道以天子而明；及其衰，而帝王之统绝，儒者犹保其道以孤行而无所待，以人存道，而道可不亡。

——《读通鉴论》

《菜根谭》（节选）

1　　无事便思有闲杂念想否。有事便思有粗浮意气否。得意便思有骄矜辞色否。失意便思有怨望情怀否。时时检点，到得从多入少、从有入无处，才是学问的真消息。

——《修省》

2　　一点不忍的念头，是生民生物之根芽；一段不为的气节，是撑天撑地之柱石。故君子于一虫一蚁不忍伤残，一缕一丝勿容贪冒，便可为万物立命、天地立心矣。

——《修省》

3　　使人有面前之誉，不若使其无背后之毁；使人有乍交之欢，不若使其无久处之厌。

——《应酬》

4　　人生只为欲字所累，便如马如牛，听人羁络；为鹰为犬，任物鞭笞。若果一念清明，淡然无欲，天地也不能转动我，鬼神也不能役使我，况一切区区事物乎！

——《评议》

5　　耳中常闻逆耳之言，心中常有拂心之事，才是进德修行的砥石。若言言悦耳，事事快心，便把此生埋在鸩毒中矣。

——《概论》

6　　攻人之恶毋太严，要思其堪受；教人以善毋过高，当使其可从。

——《概论》

7　　风来疏竹，风过而竹不留声；雁度寒潭，雁去而潭不留影。故君子事来而心始现，事去而心随空。

——《概论》

8　念头起处，才觉向欲路上去，便挽从理路上来。一起便觉，一觉便转，此是转祸为福、起死回生的关头，劝莫当面错过。

——《概论》

9　不责人小过，不发人阴私，不念人旧恶，三者可以养德，亦可以远害。

——《概论》

10　色欲火炽，而一念及病时，便兴似寒灰；名利饴甘，而一想到死地，便味如咀蜡。故人常忧死虑病，亦可消幻业而长道心。

——《概论》

《呻吟语》（节选）

1　深沉厚重，是第一等资质；磊落豪雄，是第二等资质；聪明才辨，是第三等资质。

——《内篇·卷一·性命》

2　一念收敛，则万善来同；一念放恣，则百邪乘衅。

——《内篇·卷一·存心》

3　欣喜欢爱处，便藏烦恼机关，乃知雅淡者，百祥之本。怠惰放肆时，都是私欲世界，始信懒散者，万恶之宗。

——《内篇·卷一·存心》

4　"中"是千古道脉宗；"敬"是圣学一字诀。

——《内篇·卷一·谈道》

5　家长不能令人敬，则教令不行；不能令人爱，则心志不孚。

——《内篇·卷二·修身》

6　祸福者，天司之；荣辱者，君司之；毁誉者，人司之；善恶者，我司之。我只理会我司，别个都莫照管。

——《内篇·卷二·修身》

7　余有责善之友，既别两月矣，见而问之曰："近不闻仆有过？"友曰："子无过。"余曰："此吾之大过也。有过之过小，无过之过大，何者？拒谏自矜而人不敢言，饰非掩恶而人不能知，过有大于此者乎？使余即圣人也，则可。余非圣人，而人谓无过，余其大过哉！"

——《内篇·卷二·问学》

8　卑幼有过，慎其所以责让之者：对众不责，愧悔不责，暮夜不责，正饮食不责，正欢庆不责，正悲忧不责，疾病不责。

——《内篇·卷三·应务》

9　　只一个耐烦心，天下何事不得了？天下何人不能处？

——《内篇·卷三·应务》

10　　恕人有六：或彼识见有不到处，或彼听闻有未真处，或彼力量有不及处，或彼心事有所苦处，或彼精神有所忽处，或彼微意有所在处。先此六恕而命之不从，教之不改，然后可罪也已。是以君子教人而后责人，体人而后怒人。

——《外篇·卷六·人情》

《说文解字》(节选)

1　一，惟初太始，道立于一，造分天地，化成万物。凡一之属皆从一。

2　王，天下所归往也。董仲舒曰："古之造文者，三画而连其中谓之王。三者，天、地、人也，而参通之者王也。"孔子曰："一贯三为王。"凡王之属皆从王。

3　教，上所施下所效也。从攴从孝。凡教之属皆从教。

4　古者庖羲氏之王天下也，仰则观象于天，俯则观法于地，视鸟兽之文与地之宜，近取诸身，远取诸物，于是始作《易》八卦，以垂宪象。及神农氏结绳为治，而统其事，庶业其繁，饰伪萌生。黄帝之史官仓颉，见鸟兽蹄迒之迹，知分理之可相别异也，初造书契。

5　仓颉之初作书，盖依类象形，故谓之文。其后形声相益，即谓之字。文者，物象之本；字者，言孳乳而浸多也。箸于竹帛谓之书。书者，如也。以迄五帝三王之世，改易殊体。封于泰山者七十有二代，靡有同焉。

6　盖文字者，经艺之本，王政之始，前人所以垂后，后人所以识古。故曰："本立而道生""知天下之至啧而不可乱也"。

佛家经典

《无量寿经》（节选）

1　我作佛时，十方众生，闻我名号，至心信乐。所有善根，心心回向，愿生我国。乃至十念，若不生者，不取正觉。唯除五逆，诽谤正法。

——《发大誓愿第六》

2　于诸有情，常怀慈忍，和颜爱语，劝谕策进。恭敬三宝，奉事师长。无有虚伪谄曲之心。庄严众行，轨范具足。观法如化，三昧常寂。善护口业，不讥他过。善护身业，不失律仪。善护意业，清净无染。所有国城、聚落、眷属、珍宝，都无所著。恒以布施、持戒、忍辱、精进、禅定、智慧，六度之行，教化安立众生，住于无上真正之道。

——《积功累德第八》

3　复次阿难：若有众生欲生彼国，虽不能大精进禅定，尽持经戒，要当作善。所谓一不杀生，二不偷盗，三不淫欲，四不妄言，五不绮语，六不恶口，七不两舌，八不贪，九不嗔，十不痴。如是昼夜思惟，极乐世界阿弥陀佛，种种功德、种种庄严。志心归依，顶礼供养。是人临终，不惊不怖，心不颠倒。即得往生彼佛国土。

——《往生正因第二十五》

4　佛言：一名观世音，一名大势至。此二菩萨，于娑婆界，修菩萨行，往生彼国。常在阿弥陀佛左右。欲至十方无量佛所，随心则到。现居此界，作大利乐。世间善男子、善女人，若有急难恐怖，但自归命观世音菩萨，无不得解脱者。

——《大士神光第二十八》

5　人在爱欲之中，独生独死，独去独来，苦乐自当，无有代者。善恶变化，追逐所生。道路不同，会见无期。何不于强健时，努力修善，欲何待乎？

——《劝谕策进第三十三》

6　所作如犯，则自悔过。去恶就善，朝闻夕改。奉持经戒，如贫得宝。改往修来，洒心易行。自然感降，所愿辄得。佛所行处，国邑丘聚，靡不蒙化。天下和顺，日月清明。风雨以时，灾厉不起。国丰民安，兵戈无用。崇德兴仁，务修礼让。国无盗贼。无有怨枉。强不凌弱，各得其所。

——《如贫得宝第三十七》

《圆觉经》（节选）

1 善男子，无上法王有大陀罗尼门，名为圆觉。流出一切清净真如，菩提涅槃及波罗蜜，教授菩萨。一切如来本起因地，皆依圆照清净觉相，永断无明，方成佛道。

——《一、文殊师利菩萨》

2 云何无明？善男子，一切众生从无始来，种种颠倒，犹如迷人，四方易处；妄认四大为自身相，六尘缘影为自心相，譬彼病目，见空中华及第二月。善男子，空实无华，病者妄执，由妄执故，非唯惑此虚空自性，亦复迷彼实华生处，由此妄有轮转生死，故名无明。善男子，此无明者，非实有体。如梦中人，梦时非无，及至于醒，了无所得。如众空华，灭于虚空，不可说言有定灭处。何以故？无生处故。一切众生于无生中，妄见生灭，是故说名轮转生死。

——《一、文殊师利菩萨》

3　善男子，一切众生种种幻化，皆生如来圆觉妙心。犹如空华，从空而有，幻华虽灭，空性不坏；众生幻心，还依幻灭，诸幻尽灭，觉心不动。依幻说觉，亦名为幻；若说有觉，犹未离幻；说无觉者，亦复如是。是故幻灭，名为不动。

　善男子，一切菩萨及末世众生，应当远离一切幻化虚妄境界。由坚执持远离心故，心如幻者，亦复远离；远离为幻，亦复远离；离远离幻，亦复远离。得无所离，即除诸幻。譬如钻火，两木相因，火出木尽，灰飞烟灭。以幻修幻，亦复如是。诸幻虽尽，不入断灭。

善男子，知幻即离，不作方便；离幻即觉，亦无渐次。一切菩萨及末世众生，依此修行，如是乃能永离诸幻。

——《二、普贤菩萨》

4　善男子，但诸菩萨及末世众生，居一切时不起妄念，于诸妄心亦不息灭，住妄想境不加了知，于无了知不辨真实。彼诸众生闻是法门，信解受持不生惊畏，是则名为随顺觉性。善男子，汝等当知，如是众生已曾供养百千万亿恒河沙诸佛及大菩萨，植众德本，佛说是人名为成就一切种智。

——《六、清净慧菩萨》

5　善男子，末世众生欲修行者，应当尽命供养善友，事善知识。彼善知识欲来亲近，应断骄慢，若复远离，应断嗔恨。现逆顺境，犹如虚空。了知身心毕竟平等，与诸众生同体无异。如

佛家经典——圆觉经

是修行，方入圆觉。

——《十、普觉菩萨》

6　善男子，若诸众生修奢摩他，先取至静，不起思念，静极便觉，如是初静，从于一身至一世界，觉亦如是。善男子，若觉遍满一世界者，一世界中有一众生起一念者，皆悉能知，百千世界亦复如是。非彼所闻一切境界，终不可取。

善男子，若诸众生修三摩钵提，先当忆想十方如来，十方世界一切菩萨，依种种门，渐次修行勤苦三昧，广发大愿，自熏成种。非彼所闻一切境界，终不可取。

善男子，若诸众生修于禅那，先取数门，心中了知生、住、灭、念，分剂头数。如是周遍四威仪中，分别念数，无不了知，渐次增进，乃至得知百千世界一滴之雨，犹如目睹所受用物。非彼所闻一切境界，终不可取。

——《十一、圆觉菩萨》

《楞严经》(节选)

1　佛告阿难：一切众生从无始来种种颠倒，业种自然，如恶叉聚。诸修行人不能得成无上菩提，乃至别成声闻、缘觉，及成外道、诸天魔王及魔眷属，皆由不知二种根本，错乱修习；犹如煮沙，欲成嘉馔，纵经尘劫，终不能得。云何二种？阿难，一者无始生死根本，则汝今者与诸众生用攀缘心为自性者；二者无始菩提涅槃元清净体，则汝今者识精元明，能生诸缘，缘所遗者。由诸众生，遗此本明，虽终日行，而不自觉，枉入诸趣。

——《卷一》

2　如人以手，指月示人，彼人因指，当应看月。

若复观指，以为月体，此人岂惟亡失月轮，亦亡其指。何以故？以所标指为明月故。岂惟亡指，亦复不识明之与暗。何以故？即以指体为月明性，明暗二性无所了故。

——《卷二》

3　一切众生从无始来，迷己为物，失于本心，为物所转，故于是中，观大观小。若能转物，则同如来，身心圆明，不动道场，于一毛端遍能含受十方国土。

——《卷二》

4　阿难，汝犹未明一切浮尘，诸幻化相，当处出生，随处灭尽，幻妄称相，其性真为妙觉明体。如是乃至五阴、六入。从十二处至十八界，因缘和合，虚妄有生，因缘别离，虚妄名灭。殊不能知生灭去来，本如来藏常住妙明，不动周圆妙真如性。性真常中，求于去来、迷悟、生死。了无所得。

——《卷二》

5　譬如有人于自衣中。系如意珠不自觉知。穷露他方乞食驰走。虽实贫穷珠不曾失。忽有智者指示其珠。所愿从心致大饶富。方悟神珠非从外得。

——《卷四》

6　以诸众生从无始来循诸色声，逐念流转，曾不开悟，性净妙常，不循所常，逐诸生灭。由是生生杂染流转。若弃生灭，守于真常，常光现前，根、尘、识、心应时销落。想相为尘，识情为垢，二俱远离，则汝法眼应时清明，云何不成无上知觉？

——《卷四》

7　所谓：摄心为戒，因戒生定，因定发慧，是则名为三无漏学。阿难，云何摄心，我名为戒？

若诸世界六道众生，其心不淫，则不随其生死相续。汝修三昧，本出尘劳，淫心不除，尘不可出；纵有多智，禅定现前，如不断淫，必落魔道。

——《卷六》

8　生因识有，灭从色除。理则顿悟，乘悟并消；事非顿除，因次第尽。

——《卷十》

《维摩诘经》（节选）

1 菩萨随其直心，则能发行；随其发行，则得深心；随其深心，则意调伏；随其调伏，则如说行；随如说行，则能回向；随其回向，则有方便；随其方便，则成就众生；随成就众生，则佛土净；随佛土净，则说法净；随说法净，则智慧净；随智慧净，则其心净；随其心净，则一切功德净。是故，宝积！若菩萨欲得净土，当净其心；随其心净，则佛土净。

——《佛国品第一》

2 虽处居家，不著三界；示有妻子，常修梵行；现有眷属，常乐远离；虽服宝饰，而以相好严身；虽复饮食，而以禅悦为味；若至博弈戏

处，辄以度人；受诸异道，不毁正信；虽明世

典，常乐佛法。

3　从痴有爱，则我病生。以一切众生病，是故

我病。若一切众生得不病者，则我病灭。所以者

何？菩萨为众生故，入生死；有生死，则有病。

若众生得离病者，则菩萨无复病。譬如长者，

唯有一子，其子得病，父母亦病；若子病愈，父

母亦愈。菩萨如是，于诸众生，爱之若子。众

生病，则菩萨病；众生病愈，菩萨亦愈。又言：

"是疾何所因起？"菩萨疾者，以大悲起。

——《文殊师利问疾品第五》

4　又，无方便慧缚，有方便慧解；无慧方便缚，

有慧方便解。何谓无方便慧缚？谓菩萨以爱见

心，庄严佛土，成就众生；于空、无相、无作

法中，而自调伏，是名无方便慧缚。何谓有方便

慧解？谓不以爱见心，庄严佛土，成就众生，于空、无相、无作法中，以自调伏而不疲厌，是名有方便慧解。何谓无慧方便缚？谓菩萨住贪欲、嗔恚、邪见等诸烦恼，而植众德本，是名无慧方便缚。何谓有慧方便解？谓离诸贪欲、嗔恚、邪见等诸烦恼，而植众德本，回向阿耨多罗三藐三菩提，是名有慧方便解。

——《文殊师利问疾品第五》

5　　文殊师利又问："菩萨欲依如来功德之力，当于何住？"答曰："菩萨欲依如来功德力者，当住度脱一切众生。"又问："欲度众生，当何所除？"答曰："欲度众生，除其烦恼。"又问："欲除烦恼，当何所行？"答曰："当行正念。"又问："云何行于正念？"答曰："当行不生不灭。"又问："何法不生？何法不灭？"答曰："不善不生，善法不灭。"又问："善不善，孰为本？"答曰：

"身为本。"又问："身孰为本?"答曰："欲贪为本。"又问："欲贪孰为本?"答曰："虚妄分别为本。"又问："虚妄分别孰为本?"答曰："颠倒想为本。"又问："颠倒想孰为本?"答曰："无住为本。"又问："无住孰为本?"答曰："无住则无本。文殊师利,从无住本立一切法。"

——《观众生品第七》

6　文殊师利曰："如我意者,于一切法,无言无说,无示无识,离诸问答,是为入不二法门。"于是,文殊师利问维摩诘："我等各自说已,仁者当说,何等是菩萨入不二法门?"时,维摩诘默然无言。文殊师利叹曰："善哉!善哉!乃至无有文字语言,是真入不二法门。"

——《入不二法门品第九》

7　有尽、无尽解脱法门,汝等当学。何谓为尽?谓有为法。何谓无尽?谓无为法。如菩萨者,不尽有为，不住无为。

——《菩萨行品第十一》

8　　依于义，不依语；依于智，不依识；依了义经，不依不了义经；依于法，不依人；随顺法相，无所入，无所归；无明毕竟灭故，诸行亦毕竟灭，乃至生毕竟灭故，老死亦毕竟灭。作如是观，十二因缘，无有尽相，不复起相，是名最上法之供养。

——《法供养品第十三》

《法华经》(节选)

1 佛所成就第一希有难解之法，唯佛与佛乃能究尽诸法实相，所谓诸法，如是相，如是性，如是体，如是力，如是作，如是因，如是缘，如是果，如是报，如是本末究竟等。

——《方便品第二》

2 舍利弗，云何名诸佛世尊唯以一大事因缘故出现于世？诸佛世尊，欲令众生开佛知见使得清净故出现于世，欲示众生佛之知见故出现于世，欲令众生悟佛知见故出现于世，欲令众生入佛知见道故出现于世。舍利弗，是为诸佛以一大事因缘故出现于世。

——《方便品第二》

3　十方佛土中，唯有一乘法，无二亦无三，除佛方便说，但以假名字，引导于众生。说佛智慧故，诸佛出于世，唯此一事实，余二则非真，终不以小乘，济度于众生。佛自住大乘，如其所得法，定慧力庄严，以此度众生。

——《方便品第二》

4　若人说此经，应入如来室，著于如来衣，而坐如来座，处众无所畏，广为分别说。大慈悲为室，柔和忍辱衣，诸法空为座，处此为说法。

——《法师品第十》

5　善男子！若有无量百千万亿众生受诸苦恼，闻是观世音菩萨，一心称名，观世音菩萨即时观其音声皆得解脱。

——《观世音菩萨普门品第二十五》

6　无尽意，观世音菩萨摩诃萨，威神之力巍巍如是。若有众生多于淫欲，常念恭敬观世音菩

佛家经典——法华经

萨便得离欲；若多嗔恚，常念恭敬观世音菩萨便得离嗔；若多愚痴，常念恭敬观世音菩萨便得离痴。

——《观世音菩萨普门品第二十五》

7　　若有女人设欲求男，礼拜供养观世音菩萨，便生福德智慧之男；设欲求女，便生端正有相之女，宿植德本，众人爱敬。无尽意，观世音菩萨有如是力。

——《观世音菩萨普门品第二十五》

8　　佛告普贤菩萨："若善男子、善女人成就四法，于如来灭后，当得是《法华经》：一者，为诸佛护念；二者，植众德本；三者，入正定聚；四者，发救一切众生之心。善男子、善女人，如是成就四法，于如来灭后必得是经。"

——《普贤菩萨劝发品第二十八》

《华严经》(节选)

1 自归于佛，当愿众生：绍隆佛种，发无上意。

自归于法，当愿众生：深入经藏，智慧如海。自

归于僧，当愿众生：统理大众，一切无碍。

——《卷十四净行品第十》

2 信为道元功德母，长养一切诸善法，断除疑网

出爱流，开示涅槃无上道。信无垢浊心清净，灭除

憍慢恭敬本，亦为法藏第一财，为清净手受众行。

——《卷十四贤首品第十二之一》

3 无见即是见，能见一切法，于法若有见，此

则无所见。一切诸法性，无生亦无灭，奇哉大导

师，自觉能觉他。

——《卷十六须弥顶上偈赞品第十四》

4　此菩萨于众生，发十种心。何者为十？所谓：利益心、大悲心、安乐心、安住心、怜愍心、摄受心、守护心、同己心、师心、导师心。是为十。佛子！此菩萨应劝学十法。何者为十？所谓：诵习多闻、虚闲寂静、近善知识、发言和悦、语必知时、心无怯怖、了达于义、如法修行、远离愚迷、安住不动。

——《卷十六十住品第十五》

5　心如工画师，能画诸世间，五蕴悉从生，无法而不造。如心佛亦尔，如佛众生然，应知佛与心，体性皆无尽。若人知心行，普造诸世间，是人则见佛，了佛真实性。心不住于身，身亦不住心，而能作佛事，自在未曾有。若人欲了知，三世一切佛，应观法界性，一切唯心造。

——《卷十九夜摩宫中偈赞品第二十》

6　又如净虚空，非色不可见，虽现一切色，无能见空者。诸佛亦如是，普现无量色，非心所行处，一切莫能睹。虽闻如来声，音声非如来，亦不离于声，能知正等觉。菩提无来去，离一切分别，云何于是中，自言能得见？诸佛无有法，佛于何有说？但随其自心，谓说如是法。

——《卷十九夜摩宫中偈赞品第二十》

7　　菩萨如是了达境界，知一切法因缘为本，见于一切诸佛法身，至一切法离染实际，解了世间皆如变化，明达众生唯是一法，无有二性，不舍业境，善巧方便。于有为界示无为法，而不灭坏有为之相；于无为界示有为法，而不分别无为之相。

——《卷二十四十回向品第二十五之二》

8　　此菩萨摩诃萨为利益众生故，世间技艺靡不该习。所谓：文字、算数、图书、印玺、地水、火风，种种诸论咸所通达。又善方药，疗治诸病，癫狂、干消、鬼魅、蛊毒，悉能除断。文笔、赞咏、歌舞、妓乐、戏笑、谈说，悉善其事。

——《卷三十八十地品第二十六之三》

9　一切佛法依慈悲，慈悲复依方便立，方便依智智依慧，无碍慧身无所依。

——《卷五十如来出现品第三十七之一》

10　尔时，如来以无障碍清净智眼，普观法界一切众生而作是言："奇哉！奇哉！此诸众生云何具有如来智慧，愚痴迷惑，不知不见？我当教义圣道，令其永离妄想执著，自于身中得见如来广大智慧，与佛无异。"

——《卷五十一如来出现品第三十七之二》

11　常观第一义，不求自利乐，但愿益众生，以此庄严心。行住与坐卧，一切无放逸；言说及默然，见者咸欣乐。虽于一切处，皆无染著心；见有功德人，乐观无厌足。尊重善知识，乐见离恶人；其心不躁动，先思后作业。

——《卷七十五入法界品第三十九之十六》

12 善男子！如来功德，假使十方一切诸佛，经不可说不可说佛刹极微尘数劫，相续演说，不可穷尽！若欲成就此功德门，应修十种广大行愿。何等为十？一者礼敬诸佛。二者称赞如来。三者广修供养。四者忏悔业障。五者随喜功德。六者请转法轮。七者请佛住世。八者常随佛学。九者恒顺众生。十者普皆回向。

——《卷八十一入不思议解脱境界普贤行愿品》

13 我皆于彼随顺而转，种种承事，种种供养，如敬父母，如奉师长，及阿罗汉乃至如来，等无有异。于诸病苦，为作良医。于失道者，示其正路。于暗夜中，为作光明。于贫穷者，令得伏藏。菩萨如是平等饶益一切众生。何以故？菩萨若能随顺众生，则为随顺供养诸佛。若于众生尊重承事，则为尊重承事如来。若令众生生欢喜者，则令一切如来欢喜。何以故？诸佛如来以大悲心而为体故。因于众生，而起大悲；因于大悲，生菩提心；因菩提心，成等正觉。譬如旷野沙碛之中，有大树王，若根得水，枝叶花果悉皆繁茂。生死旷野菩提树王，亦复如是。一切众生而为树根，诸佛菩萨而为花果，以大悲水饶益众生，则能成就诸佛菩萨智慧花果。何以故？若诸菩萨以大悲水饶益众生，则能成就阿耨多罗三藐三菩提故。是故菩提属于众生。若无众生，一切菩萨终不能成无上正觉。

——《卷八十一入不思议解脱境界普贤行愿品》

14　文殊师利勇猛智，普贤慧行亦复然，我今回向诸善根，随彼一切常修学。三世诸佛所称叹，如是最胜诸大愿，我今回向诸善根，为得普贤殊胜行。

——《卷八十一入不思议解脱境界普贤行愿品》

《法苑珠林》(节选)

1 父王闻太子出家，悲泣垂泪，而问之曰：
"何所志愿？何时能还？与吾要誓。吾以年朽，
家国无嗣。"太子以时而答偈言："欲得四愿，不
复出家：一不老，二至竟无病，三不死，四不
别。"神仙五通虽住一劫，不离于死。王闻重悲。
斯四愿者，古今无获，谁能除此。

——《卷十》

2 佛言："一切众生欲出三界生死大海，必假
法船，方得度脱。法为清凉，除烦恼热。法是妙
药，能愈结玻法，是众生真善知识，作大利益，
济诸苦恼。所以然者，一切众生志性无定，随所
染习。近善则善，近恶则恶。若近恶友，便造恶

业，流转生死，无有边际。若近善友，起诸敬心，听受妙法，必能令离三途苦恼，由此功德，受最胜乐。"

——《卷十七》

3　佛言："世间福田凡有三种：一报恩田，二功德田，三贫穷田。"报恩田者，所谓父母、师长、和尚。功德田者，从得暖法乃至阿耨菩提。贫穷田者，一切穷苦困厄之人。世尊是二种田：一报恩田，二功德田。法亦如是。众僧是三种田：一报恩田，二功德田，三贫穷田。以是因缘，已受戒者，应当至心勤供三宝。

——《卷二十一》

4　《涅槃经》云："有二白法，能救众生：一惭，二愧。惭者自不作恶，愧者不教他造。惭者内自羞耻，愧者发露向人。惭者羞人，愧者羞天。是名惭愧。有惭愧故，则能恭敬父母师长。”

——《卷二十三》

5　　《四十二章经》云：“佛言：天下有五难：贫穷布施难，豪贵学道难，判命不死难，得睹佛经难，生值佛世难。“

——《卷二十三》

6　　《惟无三昧经》云：“佛告阿难：善男子，人求道安禅，先当断念。人生世间所以不得道者，但坐思想秽念多故。一念来，一念去，一日一宿有八亿四千万念，念念不息。一善念者亦得善果报，一恶念者亦得恶果报。如响应声，如影随形。是故善恶罪福各别。”

——《卷三十四》

7　　如《正法念经》云：“有四种恩，甚为难报。何等为四？一者母，二者父，三者如来，四者说法法师。若有供养此四种人，得无量福，现在为

佛家经典——法苑珠林

rén zhī suǒ zàn tàn　　yú wèi lái shì néng dé pú tí

人之所赞叹，于未来世能得菩提。"

——《卷五十》

8　　yī qiè yào guī jìn　　gāo zhě huì dāng duò　　shēng zhě wú bù sǐ　　yǒu

一切要归尽，高者会当堕。生者无不死，有

mìng jiē wú cháng　　zhòng shēng duò yǒu shù　　yī qiè jiē yǒu wéi　　yī qiè zhū

命皆无常。众生堕有数，一切皆有为。一切诸

shì jiān　　wú yǒu bù lǎo sǐ　　zhòng shēng shì cháng fǎ　　shēng shēng jiē guī sǐ

世间，无有不老死。众生是常法，生生皆归死。

suí qí suǒ zào yè　　zuì fú yǒu guǒ bào

随其所造业，罪福有果报。

——《卷九十七》

《宗镜录》(节选)

1 无名为真名，无求是真求。经云：夫求法者，应无所求，心外无别佛，佛外无别心，不取善，不作恶，净秽两边，俱不依。法无自性，三界唯心。

—— 《卷第一》

2 我说三乘十二分教，如空拳诳小儿。是事不知，号曰无明。祖师偈云：如来一切法，除我一切心。我无一切心，何须一切法。故知己眼若开，真明自发。

—— 《卷第六》

3 真如有二义：一不变，二随缘。无明亦二义：一无体即空，二有用成事。

—— 《卷第六》

4 　夫水喻真心者，以水有十义，同真性故。一
水体澄清。喻自性清净心。二得泥成浊。喻净心
不染而染。三虽浊不失净性。喻净心染而不染。
四若泥澄净现。喻真心惑尽性现。五遇冷成冰，
而有硬用。喻如来藏与无明合，成本识用。六虽
成硬用，而不失濡性。喻即事恒真。七暖融成
濡。喻本识还净。八随风波动，不改静性。喻如
来藏随无明风，波浪起灭而不变自不生灭性。九
随地高下排引流注，而不动自性。喻真心随缘流
注，而性常湛然。十随器方圆，而不失自性。喻
真性普遍诸有为法，而不失自性。

——《卷第七》

5 　妄念本寂，尘境本空，本空之心，灵知不昧。
即此空寂之知，是汝真性。任迷任悟，心本自
知，不藉缘生，不因境起。知之一字，众妙之
门。若顿悟此空寂之知，知且无念无形，谁为我

相人相。觉诸相空，心自无念，念起即觉，觉之即无。修行妙门，唯在此也。

——《卷第三十四》

6　习气尽而佛道成，即修心是成佛之行。顿渐互显，空有相成。若能如是圆通，则为他人说，无非妙方。闻他人说，无非妙药。药之与病，只在执之与通。故先德云："执则字字疮疣，通则文文妙药。"

——《卷第三十四》

7　是以涅槃经云："具四因缘，能证涅槃之道：一者，亲近善友。二者，听闻正法。三者，如理思惟。四者，如说修行。"

——《卷第四十一》

8　若有欲得如来智，应离一切妄分别，有无通达皆平等，疾作人天大导师。即空心境也。菩萨凡夫所有心境。观照例知。故经颂云："知妄本

自真，见佛则清净。"又云："心佛与众生，是三

无差别。"

——《卷第六十九》

9　　起一念善，受人天身；起一念恶，受三途身。

故知日夜念念，造未来生死之身，何有穷尽！

《安般守意经·序》云："弹指之间，心九百六十

转，一日一夕，十三亿意，意有一身，心不自

知，犹彼种夫也。"《菩萨处胎经》云："一弹指

顷，有三十二亿百千念，念念成形，形形皆有

识。佛之威神，入彼微识中，皆令得度，此识教

化非无识也。"

——《卷第七十三》

10　　孝事父母则一其心。尊敬师友而一其心。断

爱远俗而一其心。入三十七品而一其心。空闲

寂寞而一其心。在众烦乱而一其心。多欲多诤

多作多恼，于是之处而一其心。褒讪利失善恶

之事，于是不摇而一其心。数息入禅，舍六就净而一其心。身自能行，复教他人，此谓广一心也。

——《卷第九十五》

《安士全书》(节选)

1 诸恶莫作，众善奉行。永无恶曜加临，常有吉神拥护。近报则在自己，远报则在儿孙。百福骈臻，千祥云集，岂不从阴骘中得来者哉！

——《文昌帝君阴骘文》

2 有人问一僧云："人之体何以直行，兽之身何以横走？"僧曰："人之前世心直，故今世之身亦直。兽之前世心横，故今世之身亦横。"夫心直心横，顷刻变异，其形则为人为兽，岂非颠倒无常者乎。又人唯有惭有愧，故人则有衣。兽唯无惭无愧，故兽独无衣。又人唯有福，故随冬夏而递更裘葛。兽因无福，故历寒暑而止此羽毛。又人于宿世，常发善语、慈和语、利益语、诚实语、尊信三宝语，故今世随心所发，口中能历历道之。兽于前世，常作恶语、妄语、讦人隐私语、斗构是非语、秽语、谤佛谤法语、不信因果语，故今世有口无言。纵饥渴垂毙，而不能索食。白刃刺心，而不容置辩。

——《文昌帝君阴骘文广义节录》

3　佛者，觉也。自觉觉他，觉行圆满，名之为佛。自心中人人有觉，则自心中人人有佛矣。若云泥塑木雕，方名为佛，则是愚夫愚妇之佛也。若云降祸降福，斯名为佛，是又唐宋诸儒之佛矣。愚夫愚妇终日言佛，而佛实未尝敬；唐宋诸儒终日谤佛，而佛实未尝毁者，以其皆不知有佛也。

——《文昌帝君阴骘文广义节录》

4　三教圣人，皆具救世之念，但门庭施设不同耳。儒用入世之事，佛行出世之法，道则似乎出

佛家经典——安士全书

世，而实未尝出世者也。孔颜虽圣，然欲藉以却鬼驱妖，则迂。佛道虽尊，然欲用以开科取士，则诞。此三教所以有不得不分之势也。人非一途可化，故圣教必分为三。譬如三大良医，一精内科，一精外科，一精幼科，术虽不同，而其去病则一也。若三人共习一业，所救必不能广。故曰："为善不同，同归于治。"

——《文昌帝君阴骘文广义节录》

5　　宋范仲淹，字希文，广修众善，笃信佛法。凡所莅守之地，必造寺度僧，兴崇三宝。与琅琊觉禅师、荐福古禅师最厚。初读书长白山，于寺中得窖金，覆之不取，及贵，语僧出金修寺。又尝宣抚河东，得故经一卷，名《十六罗汉因果颂》，公为之序，授沙门慧喆流通。晚年以所居宅，改为天平寺，延浮山远禅师居之。仁宗朝，累官枢密，参知政事。追封楚国公，谥文正，子孙簪缨不绝。

——《文昌帝君阴骘文广义节录》

6　　婚姻之事，两姓合好，以之上承宗绪，下启后昆，中洽亲属，因缘非小。大抵此事，皆定于宿生，非独自己不能主，即两家父母，亦不能主。从善缘而来者，其和好之念，不遂不休。从恶缘而来者，其毒害之情，不结不止。固非人力之所可破也。要其所以欲破者，不是出于挟仇，即是起于嫉妒。无论破于未成之先，或破于既成之后，其罪一而已矣。

——《文昌帝君阴骘文广义节录》

7　　葬地吉凶，原系一定之理，但非人力可以强求耳。世之不务修德，但觅地师，希图吉壤者，固非。一概不信风水，不顾年月方向，但云他年不为道路，不为城郭，便可安葬，误置亲尸于凶杀绝地者，亦谬。观少师发祥之所，系神人指

佛家经典——安士全书

105

示，知风水之说，不可不信矣。观其祖、父，必如此积德，而始遇此善地，又知风水之说，不可徒恃矣。

——《文昌帝君阴骘文广义节录》

8　［问］待老修行，固无此理。但凡夫皆在世网中，有事不能拨弃，奈何？［答］人在世间，必有一死。修与不修，总不得免。与其坠落，孰若超升？苟其痛念无常，何患用心不切。无论处静处忙，顺境逆境，总与念佛求生，两不相碍。纵使世缘极重，亦当忙里偷闲，定为日课，或万或千，不可间断。其冗忙之极者，晨朝十念，定不可阙。

——《西归直指》

道家经典

《太上老君说常清静经》（节选）

tài shàng lǎo jūn shuō cháng qīng jìng jīng

1　　老君曰："大道无形，生育天地；大道无情，运行日月；大道无名，长养万物；吾不知其名，强名曰道。夫道者：有清有浊，有动有静；天清地浊，天动地静；男清女浊，男动女静；降本流末，而生万物。清者，浊之源，动者，静之基；人能常清静，天地悉皆归。"

2　　夫人神好清，而心扰之；人心好静，而欲牵之。常能遣其欲，而心自静；澄其心，而神自清；自然六欲不生，三毒消灭。所以不能者，为心未澄，欲未遣也；能遣之者：内观其心，心无其心；外观其形，形无其形；远观其物，物无其物；三者既悟，唯见于空。

3　观空亦空，空无所空；所空既无，无无亦无；无无既无，湛然常寂。寂无所寂，欲岂能生；欲既不生，即是真静。真常应物，真常得性；常应常静，常清静矣。如此清静，渐入真道；既入真道，名为得道；虽名得道，实无所得；为化众生，名为得道；能悟之者，可传圣道。

4　老君曰："上士无争，下士好争；上德不德，下德执德；执著之者，不名道德。众生所以不得真道者，为有妄心；既有妄心，即惊其神；既惊其神，即著万物；既著万物，即生贪求；既生贪求，即是烦恼；烦恼妄想，忧苦身心；便遭浊辱，流浪生死；常沉苦海，永失真道。真常之道，悟者自得；得悟道者，常清静矣！"

《太上感应篇》（节选）

1　太上曰："祸福无门，唯人自召。善恶之报，如影随形。是以天地有司过之神依人所犯轻重，以夺人算。算减则贫耗，多逢忧患，人皆恶之，刑祸随之，吉庆避之，恶星灾之，算尽则死。又有三台北斗神君，在人头上，录人罪恶，夺其纪算。又有三尸神，在人身中，每到庚申日，辄上诣天曹，言人罪过。月晦之日，灶神亦然。"

2　凡人有过，大则夺纪，小则夺算。其过大小，有数百事，欲求长生者，先须避之。是道则进，非道则退。不履邪径，不欺暗室。积德累功，慈心于物。忠孝友悌，正己化人，矜孤恤寡，敬老怀幼。昆虫草木，犹不可伤。宜悯人之凶，乐人之善，济人之急，救人之危。见人之得，如己之得。见人之失，如己之失。不彰人短，不炫己长。遏恶扬善，推多取少。受辱不怨，受宠若惊。施恩不求报，与人不追悔。

3　所谓善人，人皆敬之，天道佑之，福禄随之。众邪远之，神灵卫之，所作必成，神仙可冀。欲求天仙者，当立一千三百善，欲求地仙者，当立三百善。

4　夫心起于善，善虽未为，而吉神已随之。或心起于恶，恶虽未为，而凶神已随之。其有曾行恶事，后自改悔，诸恶莫作，众善奉行。久久必获吉庆，所谓转祸为福也。故吉人语善，视善，行善，一日有三善，三年天必降之福。凶人语恶、视恶、行恶，一日有三恶，三年天必降之祸，胡不勉而行之。

《黄帝四经》(节选)

1 公者明，至明者有功；至正者静，至静者
圣；无私者知，至知者为天下稽。称以权衡，参
以天当，天下有事，必有巧验。

——《经法·道法第一》

2 王天下者之道，有天焉，有地焉，又人焉。
三者参用之，（然后）而有天下矣。为人主，南
面而立。臣肃敬，不敢敝其主；下比顺，不敢敝
其上。万民和辑，而乐为其主上用；地广、人
众、兵强，天下无适。

——《经法·六分第四》

3 圣人正以待天，静以须人，不达天刑，不襦
不传。当天时，与之皆断；当断不断，反受

其乱。

——《十大经·观第二》

4　　故唯圣人能察无刑，能听无（声）。知虚之实，后能大虚。乃通天地之精，通同而无间，周袭而不盈。服此道者，是胃能精。明者固能察极，知人之所不能知，人服人之所不能得。是胃察稽知极。圣王用此，天下服。

——《道原》

道家经典——黄帝四经

《关尹子》(节选)

1 若以言、行、学、识求道，互相展转，无有得时。知言如泉鸣，知行如禽飞，知学如撷影，知识如计梦；一息不存，道将来契。

——《宇篇》

2 圣人知我无我，故同之以仁；知事无我，故权之以义；知心无我，故戒之以礼；知识无我，故照之以智；知言无我，故守之以信。

——《极篇》

3 众人师贤人，贤人师圣人，圣人师万物。惟圣人同物，所以无我。

——《极篇》

4 利害心愈明，则亲不睦；贤愚心愈明，则友不交；是非心愈明，则事不成；好丑心愈明，则物不契。是以圣人浑之。

——《极篇》

5　人勤于礼者，神不外驰，可以集神；人勤于智者，精不外移，可以摄精。仁则阳而明，可以轻魂；义则阴而冥，可以御魄。

——《符篇》

6　狡胜贼，能捕贼；勇胜虎，能捕虎。能克己，乃能成己；能胜物，乃能利物；能忘道，乃能有道。

——《药篇》

7　操之以诚，行之以简，待之以恕，应之以默，吾道不穷。

——《药篇》

道家经典——关尹子

《列子》（节选）

1　浑沦者，言万物相浑沦而未相离也。视之不见，听之不闻，循之不得，故曰易也。易无形埒，易变而为一，一变而为七，七变而为九。九变者，穷也，乃复变而为一。一者，形变之始也。清轻者上为天，浊重者下为地，冲和气者为人；故天地含精，万物化生。

——《天瑞》

2　孔子游于太山，见荣启期行乎郕之野，鹿裘带索，鼓琴而歌。孔子问曰："先生所以乐，何也？"对曰："吾乐甚多：天生万物，唯人为贵，而吾得为人，是一乐也；男女之别，男尊女卑，故以男为贵，吾既得为男矣，是二乐也；人生有

116

不见日月，不免襁褓者，吾既已行年九十矣，是三乐也。贫者，士之常也，死者，人之终也，处常得终，当何忧哉？"孔子曰："善乎！能自宽者也。"

——《天瑞》

3　　子贡倦于学，告仲尼曰："愿有所息。"仲尼曰："生无所息。"子贡曰："然则赐息无所乎？"仲尼曰："有焉耳。望其圹，皋如也，宰如也，坟如也，鬲如也，则知所息矣。"子贡曰："大哉死乎！君子息焉，小人伏焉。"仲尼曰："赐！汝知之矣。人胥知生之乐，未知生之苦；知老之惫，未知老之佚；知死之恶，未知死之息也。"

——《天瑞》

4　　舜问乎烝曰："道可得而有乎？"曰："汝身非汝有也，汝何得有夫道？"舜曰："吾身非吾有，孰有之哉？"曰："是天地之委形也。生非汝

道家经典——列子

117

有，是天地之委和也。性命非汝有，是天地之委顺也。孙子非汝有，是天地之委蜕也。故行不知所往，处不知所持，食不知所以。天地强阳，气也；又胡可得而有邪？"

——《天瑞》

5　　纪渻子为周宣王养斗鸡，十日而问："鸡可斗已乎？"曰："未也；方虚骄而恃气。"十日又问。曰："未也；犹应影响。"十日又问。曰："未也；犹疾视而盛气。"十日又问。曰："几矣。鸡虽有鸣者，已无变矣。望之似木鸡矣。其德全矣。异鸡无敢应者，反走耳。"

——《黄帝》

6　　昔老聃之徂西也，顾而告予曰："有生之气，有形之状，尽幻也。造化之所始，阴阳之所变者，谓之生，谓之死。穷数达变，因形移易者，谓之化，谓之幻。造物者其巧妙，其功深，固难

118

穷难终。因形者其巧显，其功浅，故随起随灭。知幻化之不异生死也，始可与学幻矣。吾与汝亦幻也，奚须学哉？"

——《周穆王》

7　子夏问孔子曰："颜回之为人奚若？"子曰："回之仁贤于丘也。"曰："子贡之为人奚若？"子曰："赐之辩贤于丘也。"曰："子路之为人奚若？"子曰："由之勇贤于丘也。"曰："子张之为人奚若？"子曰："师之庄贤于丘也。"子夏避席而问曰："然则四子者何为事夫子？"曰："居！吾语汝。夫回能仁而不能反，赐能辩而不能讷，由能勇而不能怯，师能庄而不能同。兼四子之有以易吾，吾弗许也。此其所以事吾而不贰也。"

——《仲尼》

8　孔子东游，见两小儿辩斗。问其故，一儿曰："我以日始出时去人近，而日中时远也。"一儿以

道家经典——列子

日初出远，而日中时近也。一儿曰："日初出大
如车盖，及日中，则如盘盂：此不为远者小而近
者大乎？"一儿曰："日初出沧沧凉凉，及其日中
如探汤：此不为近者热而远者凉乎？"孔子不能
决也。两小儿笑曰："孰为汝多知乎？"

——《汤问》

9　　狐丘丈人谓孙叔敖曰："人有三怨，子知之
乎？"孙叔敖曰："何谓也？"对曰："爵高者，人
妒之；官大者，主恶之；禄厚者，怨逮之。"孙
叔敖曰："吾爵益高，吾志益下；吾官益大，吾
心益小；吾禄益厚，吾施益博。以是免于三怨，
可乎？"

——《说符》

《文子》(节选)

1 执道以御民者，事来而循之，物动而因之；万物之化无不应也，百事之变无不偶也。故道者，虚无、平易、清静、柔弱、纯粹、素朴，此五者，道之形象也。

—— 《道原》

2 其施厚者其报美，其怨大者其祸深，薄施而厚望，畜怨而无患者，未之有也。察其所以往者，即知其所以来矣。

—— 《符言》

3 不惑祸福即动静顺理，不妄喜怒即赏罚不阿，不贪无用即不以欲害性，欲不过节即养生知足，凡此四者，不求于外，不假于人，反己而得矣。

——《符言》

4　人主者，民之师也，上者，下之仪也，上美之则下食之，上有道德则下有仁义，下有仁义则无淫乱之世矣。积德成王，积怨成亡，积石成山，积水成海，不积而能成者，未之有也。

——《道德》

5　往古来今谓之宙，四方上下谓之宇，道在其中而莫知其所，故见不远者，不可与言大，知不博者，不可与论至。夫禀道与物通者，无以相非，故三皇五帝法籍殊方，其得民心一也。

——《自然》

6　故论人之道，贵即观其所举，富即观其所施，穷即观其所受，贱即观其所为，视其所患难，以知其所勇，动以喜乐，以观其守，委以货财，以观其仁，振以恐惧，以观其节，如此，则

rén qíng kě dé yǐ

人情可得矣。

——《上义》

7　举世誉之而不益劝，举世非之而不加沮，得
至道之要也。

——《上礼》

《鬻子》(节选)

1　言君子修于内，理于外，端其形，正其影，体真德之要，守冲妙之机，言出以成教，方谋事，必为法则。

——《卷上》

2　谋事必忠，出言必信，行善以攻恶，显是而明非，不苟求所以知而道德自明也。

——《卷上》

3　人惟邦本，得众斯昌；建极乘时，必资兆庶；人皆效力，以成其功也。

——《卷上》

4　善者，体道怀德也。人主行善于上，百姓变善于下，尧之日，比屋可封。知善道之为善而不行用者，是狂悖之人也。恶者，贼以丧躯。人主为恶于上，则百姓为恶而不悛者，是昏惑。知善而不行，知恶而不改，必至狂惑者。此圣王之明戒也。

——《卷下》

5　日出而作，日没而息，不劳于事，不苦烦苛，甘其食，安其居，乐其业，此岂外求之哉？上有行道之君，是所致者，可谓之大信矣。

——《卷下》

6　政也者，所以正于天地也。言天地生万物不能相使，不能相制，须人以为政以正之。无其政也，则万物不理也。

——《卷下》

7　人命所悬，理须详正；夫刑或滥，其何则焉？故不可轻杀不辜，宁可失于有罪。此亦宽仁之道也。

——《卷下》

道家经典——鹖冠子

125

《素书》(节选)

1 　　夫道、德、仁、义、礼，五者一体也。道者，人之所蹈，使万物不知其所由。德者，人之所得，使万物各得其所欲。仁者，人之所亲，有慈惠恻隐之心，以遂其生成。义者，人之所宜，赏善罚恶，以立功立事。礼者，人之所履，夙兴夜寐，以成人伦之序。

——《原始》

2 　　德足以怀远，信足以一异，义足以得众，才足以鉴古，明足以照下，此人之俊也。行足以为仪表，智足以决嫌疑，信可以使守约，廉可以使分财，此人之豪也。守职而不废，处义而不回，见嫌而不苟免，见利而不苟得，此人之杰也。

——《正道》

3　绝嗜禁欲，所以除累。抑非损恶，所以禳过。贬酒阙色，所以无污。避嫌远疑，所以不误。博学切问，所以广知。高行微言，所以修身。恭俭谦约，所以自守。深计远虑，所以不穷。亲仁友直，所以扶颠。近恕笃行，所以接人。任材使能，所以济务。弹恶斥谗，所以止乱。推古验今，所以不惑。

——《求人之志》

4　夫志心笃行之术：长莫长于博谋，安莫安于忍辱，先莫先于修德，乐莫乐于好善，神莫神于至诚，明莫明于体物，吉莫吉于知足，苦莫苦于多愿，悲莫悲于精散，病莫病于无常，短莫短于苟得，幽莫幽于贪鄙，孤莫孤于自恃，危莫危于任疑，败莫败于多私。

——《本德宗道》

5　小功不赏，则大功不立；小怨不赦，则大怨必生。赏不服人，罚不甘心者叛。赏及无功，罚及无罪者酷。听谗而美，闻谏而仇者亡。能有其有者安，贪人之有者残。

——《遵义》

6　释己而教人者逆，正己而化人者顺。逆者难从，顺者易行，难从则乱，易行则理。详体而行，理身、理国、理家，可也！

——《安礼》

《周易参同契》（节选）

1 赏罚应春秋，昏明顺寒暑。爻辞有仁义，随时发喜怒。如是应四时，五行得其理。

——《赏罚应春秋章第六》

2 知白守黑，神明自来，白者金精，黑者水基。水者道枢，其数名一。阴阳之始，玄含黄芽。五金之主，北方河车。故铅外黑，内怀金华，被褐怀玉，外为狂夫。

——《知白守黑章第二十三》

3 君子居其室，出其言善，则千里之外应之，谓万乘之主。处九重之室，发号施令，顺阴阳节，藏器待时，勿违卦月。

——《君子居其室章第四十二》

道家经典——周易参同契

129

4　惟昔圣贤，怀玄抱真。服炼九鼎，化迹隐沦。含精养神，通德三元。津液腠理，筋骨致坚。众邪辟除，正气常存。累积长久，变形而仙。忧悯后生，好道之伦。随傍风采，指画古文。著为图籍，开示后昆。

——《惟昔圣贤章第七十九》

《太平经》 (节选)

1   "太"者，大也；大者，天也；天能覆育万物，其功最大。"平"者，地也，地平，然（后）能养育万物。"经"者，常也。天以日月五星为经，地以岳渎山川为经，天地失常道，即万物悉受灾。帝王上法皇天，下法后地，中法经纬、星辰、岳渎、育养万物，故曰大顺之道。

——《钞癸部（补甲部）引言》

2   心中所欲，感动皇天，阴阳为移，言语至诚感天，正此也。念者能致正，亦能致邪，皆从志意生矣。使能动天地，和阴阳，合万物，入能度身，出能成名，贤不肖皆由斯生。固贤者善御，万不失一也。

——《钞癸部（补甲部）神人真人圣人贤人自占可行是与非法》

3　为善不敢失绳缠，不敢自欺。为善亦神自知之，恶亦神自知之，非为他神，乃身中神也。夫言语自从心腹中出，旁人反得知之，是身中神告也。故端神靖身，乃治之本也，寿之征也。无为之事，从是兴也。先学其身，以知吉凶。是故贤圣明者，但学其身，不学他人，深思道意，故能太平也。君子得之以兴，小人行之以倾。

　　　　　　　　　　——《乙部录身正神令人自知法》

4　是故夫天地之性，为善，不即见其身，则流后生，以明其行也；为恶，亦不即止其身，必流后生，亦以谬见明其行也。故夫为善恶者，会当见耳。但为善者，比若向日出，犹且彰明也。为恶者，比若向日入，犹且冥冥，此天地阴阳自然性也。天生万物，乃各随其行而彰之，不隐匿也。

　　　　　　　　　　——《戊部学者得失决》

132

5　　　　　一人之言，不可独从也。众人之言，深策取

古贤圣之辞，内与天同也，共定而置之。

——《戊部学者得失决》

《抱朴子》(节选)

1 凡所谓志人者，不必在乎禄位，不必须乎勋伐也。太上无己，其次无名，能振翼以绝群，骋迹以绝轨，为常人所不能为，割近才所不能割，少多不为凡俗所量，恬粹不为名位所染，淳风足以濯百代之秽，高操足以激将来之浊。

——《逸民卷二》

2 或人曰："敢问全交之道可得闻乎？"抱朴子答曰："君子交绝犹无恶言，岂背向所异辞乎？杀身犹以许友，岂名位之足竞乎？善交狎而不慢，和而不同，见彼有失，则正色而谏之；告我以过，则速改而不惮。不以忤彼心而不言，不以逆我耳而不纳，不以巧辩饰其非，不以华辞文其失，不形同而神乖，不匿情而口合，不面从而背憎，不疾人之胜己，护其短而引其长，隐其失而宣其得，外无计数之诤，内遗心竞之累。

——《交际卷十六》

3 　抱朴子曰："目之所好，不可从也；耳之所乐，不可顺也；鼻之所喜，不可任也；口之所嗜，不可随也；心之所欲，不可恣也。故惑目者，必逸容鲜藻也；惑耳者，必妍音淫声也；惑鼻者，必苣蕙芬馥也；惑口者，必珍羞嘉旨也；惑心者，必势利功名也。五者毕惑，则或承之祸为身患者，不亦信哉！"

——《酒诫卷二十四》

4 　盖信不由中，则屡盟无益，意得神至，则形器可忘。君子之交也，以道义合，以志契亲，故淡而成焉。小人之接也，以势利结，以狎慢密，故甘而败焉。

——《疾谬卷二十五》

5　　抱朴子曰："志合者，不以山海为远；道乖者，不以咫尺为近。故有跋涉而游集，亦或密迩而不接。"

——《博喻卷三十八》

6　　抱朴子曰："玄寂虚静者，神明之本也；阴阳柔刚者，二仪之本也；巍峨岩岫者，山岳之本也；德行文学者，君子之本也。莫或无本而能立焉。是以欲致其高，必丰其基，欲茂其末，必深其根。"

——《循本卷四十一》

《神仙传》(节选)

1　至道之精，杳杳冥冥，无视无听，抱神以静，形将自正；必静必清，无劳尔形，无摇尔精，乃可长生。慎内闭外，多知为败。我守其一，以处其和。故千二百岁而形未尝衰。

——《卷一·广成子》

2　老子问孔子曰："亦得道乎？"孔子曰："求二十七年而不得也。"老子曰："使道可献人，则人莫不献之其君；使道可进人，则人莫不进之其亲矣；使道可告人，则人莫不告之兄弟矣；使道可传人，则人莫不传之其子矣；然而不可者，无他也，中无主而道不可居也。"

——《卷一·老子》

3　　人受气，虽不知方术，但养之得宜，当至百二十岁。不及此者，伤也。小复晓道，可得二百四十岁，加之，可至四百八十岁。尽其理者，可以不死，但不成仙人耳。养寿之道，但莫伤之而已。夫冬温夏凉，不失四时之和，所以适身也。

美色淑姿，幽闲娱乐，不致思欲之惑，所以通神也。车服威仪，知足无求，所以一志也。八音五色，以悦视听，所以导心也。

——《卷一·彭祖》

4　　子不夜行，则安知道上有夜行人。今不得仙者，亦安知天下山林间，不有学道得仙者？阴君已服神药，虽未即升天，然方以类聚，同声相应，便自与仙人相集，寻索闻见，故知此近世诸仙人数耳。而俗民谓为不然，以己所不闻，则谓无有，不亦悲哉！夫草泽间士，以隐逸得志，以经籍自娱，不耀文彩，不扬声名，不修求进，不营闻达，人犹不能识之，况仙人。亦何急急令闻达朝阙之徒，知其所云为哉！

——《卷四·阴长生》

5　　惟余同学，十有二人，寒苦求道，历二十年，中多怠堕，志行不坚。痛乎诸子，命也自天，天不妄授，道必归贤。身没幽壤，何时可还，嗟尔将来，勤加精研，勿为流俗，富贵所牵，神道一成，升彼九天，寿同三光，何但亿年。

——《卷四·阴长生》

《止学》(节选)

1　才高非智，智者弗显也。位尊实危，智者不就也。大智知止，小智惟谋，智有穷而道无尽哉。

——《智卷》

2　众逐利而富寡，贤让功而名高。利大伤身，利小惠人，择之宜慎也。天贵于时，人贵于明，动之有戒也。

——《利卷》

3　王者不辩，辩则少威焉。智者讷言，讷则惑敌焉。勇者无语，语则怯行焉。

——《辩卷》

4　君子不念旧恶，旧恶害德也。小人存隙必报，必报自毁也。和而弗争，谋之首也。

5　　欲无止也，其心堪制。惑无尽也，其行乃解。

道家经典——止学

《阴符经》（节选）

1　观天之道，执天之行，尽矣。天有五贼，见之者昌。五贼在心，施行于天。宇宙在乎手，万化生乎身。天性，人也。人心，机也。立天之道，以定人也。天发杀机，龙蛇起陆。人发杀机，天地反覆。天人合发，万变定基。

——《神仙抱一演道章上》

2　天地，万物之盗；万物，人之盗；人，万物之盗。三盗既宜，三才既安。故曰："食其时，百骸理。动其机，万化安。人知其神而神，不知不神之所以神也。日月有数，大小有定。圣功生焉，神明出焉。其盗机也，天下莫能见，莫能知。君子得之固躬，小人得之轻命。"

——《富国安民演法章中》

3　瞽者善听，聋者善视。绝利一源，用师十倍；三反昼夜，用师万倍。心生于物，死于物，机在目。天之无恩而大恩生。迅雷烈风，莫不蠢然。至乐性余，至静性廉。天之至私，用之至公。

——《强兵战胜演术章下》

4　生者，死之根；死者，生之根。恩生于害，害生于恩。愚人以天地文理圣，我以时物文理哲。人以愚虞圣，我以不愚虞圣，人以奇期圣，我以不奇期圣。沉水入火，自取灭亡。自然之道静，故天地万物生。天地之道浸，故阴阳胜。阴阳相推而变化顺矣。是故圣人知自然之道不可违，因而制之。

——《强兵战胜演术章下》

《化书》（节选）

1 古圣人穷通塞之端，得造化之源，忘形以养气，忘气以养神，忘神以养虚。虚实相通，是谓大同。故藏之为元精，用之为万灵，含之为太一，放之为太清。是以坎离消长于一身，风云发泄于七窍，真气薰蒸而时无寒暑，纯阳流注而民无死生，是谓神化之道者也。

——《道化》

2 碉松所以能凌霜者，藏正气也；美玉所以能犯火者，蓄至精也。是以大人昼运灵旗，夜录神芝，觉所不觉，思所不思，可以冬御风而不寒，夏御火而不热。故君子藏正气者，可以远鬼神、伏奸佞；蓄至精者，可以福生灵、保富寿。

夫何为？多少之故也。

——《术化》

3　天下贤愚，营营然若飞蛾之投夜烛，苍蝇之触晓窗。知往而不知返，知进而不知退。而但知避害而就利，不知聚利而就害。夫贤于人而不贤于身，何贤之谓也？博于物而不博于己，何博之谓也？是以大人利害俱忘，何往不臧？

——《德化》

4　观其文章，则知其人之贵贱焉；观其书篆，则知其人之情性焉；闻其琴瑟，则知其人之道德焉；闻其教令，则知其人之吉凶焉。小人由是知唐尧之容淳淳然，虞舜之容熙熙然，伯禹之容荡荡然，殷汤之容堂堂然，文王之容巍巍然，武王之容谔谔然，仲尼之容皇皇然。则天下之人，可以自知其愚与贤。

——《仁化》

5　　为恶者畏人识，必有识者；为善者欲人知，必有不知者。是故人不识者，谓之大恶；人不知者，谓之至善。好行惠者恩不广，务奇特者功不大，善博奕者智不远，文绮丽者名不久。是以君子惟道是贵，惟德自守，所以能万世不朽。

——《仁化》

6　　俭于听可以养虚，俭于视可以养神，俭于言可以养气，俭于私可以获富，俭于公可以保贵，俭于门闼可以无盗贼，俭于环卫可以无叛乱，俭于职官可以无奸佞，俭于嫔嫱可以保寿命，俭于心可以出生死。是知俭可以为万化之柄。

——《俭化》

7　　奢者三岁之计，一岁之用；俭者一岁之计，三岁之用。至奢者犹不及，至俭者尚有馀。奢者富不足，俭者贫有馀。奢者心常贫，俭者心常富。奢者好亲人，所以多过，俭者能远人，所以寡祸。奢者事君必有所辱，俭者事君必保其禄。奢者多忧，俭者多福，能终其俭者，可以为天下之牧。

——《俭化》

兵

家

经

典

《鬼谷子》(节选)

1　　捭之者，料其情也。阖之者，结其诚也，皆见其权衡轻重，乃为之度数，圣人因而为之虑。其不中权衡度数，圣人因而自为之虑。故捭者，或捭而出之，而捭而内之。阖者，或阖而取之，或阖而去之。捭阖者，天地之道。捭阖者，以变动阴阳，四时开闭，以化万物；纵横反出，反复反忤，必由此矣。

——《捭阖第一》

2　　欲闻其声，反默；欲张，反敛；欲高，反下；欲取，反与。

——《反应第二》

3　　非至圣达奥，不能御世；非劳心苦思，不能

150

原事；不悉心见情，不能成名；材质不惠，不能用兵；忠实无真，不能知人。故忤合之道，己必自度材能知睿，量长短远近孰不知，乃可以进，乃可以退，乃可以纵，乃可以横。

——《忤合第六》

4　　夫仁人轻货，不可诱以利，可使出费；勇士轻难，不可惧以患，可使据危；智者达于数，明于理，不可欺以不诚，可示以道理，可使立功；是三才也。故愚者易蔽也，不肖者易惧也，贪者易诱也，是因事而裁之。

——《谋篇第十》

5　　实意者，气之虑也。心欲安静，虑欲深远；心安静则神策生，虑深远则计谋成；神策生则志不可乱，计谋成则功不可间。意虑定则心遂安，心遂安则所行不错，神自得矣。

——《本经阴符七术》

6　　无为而求，安静五脏，和通六腑；精神魂魄固守不动，乃能内视反听，定志。虑之太虚，待神往来。以观天地开辟，知万物所造化，见阴阳之终始，原人事之政理。不出户而知天下，不窥牖而见天道；不见而命，不行而至。是谓道知，以通神明，应于无方，而神宿矣。

——《本经阴符七术》

7　　天地无极，人事无穷，各以成其类；见其计谋，必知其吉凶成败之所终也。转圆者，或转而吉，或转而凶，圣人以道，先知存亡，乃知转圆而从方。圆者，所以合语；方者，所以错事。转化者，所以观计谋；接物者，所以观进退之意。皆见其会，乃为要结以接其说也。

——《本经阴符七术》

《太公六韬》(节选)

1 文王曰："树敛若何，而天下归之?"太公曰："天下非一人之天下，乃天下之天下也。同天下之利者，则得天下；擅天下之利者，则失天下。天有时，地有财，能与人共之者，仁也。仁之所在，天下归之。免人之死，解人之难，救人之患，济人之急者，德也。德之所在，天下归之。与人同忧、同乐、同好、同恶者，义也；义之所在，天下赴之。凡人恶死而乐生，好德而归利，能生利者，道也。道之所在，天下归之。"

——《文韬·文师第一》

2 善为国者，驭民如父母之爱子，如兄之爱弟。见其饥寒，则为之忧；见其劳苦，则为之

悲；赏罚如加于身，赋敛如取已物。此爱民之

道也。

——《文韬·国务第三》

3　文王曰："先圣之道，其所止，其所起，可

得闻乎？"太公曰："见善而怠，时至而疑，知非

而处，此三者，道之所止也。柔而静，恭而敬，

强而弱，忍而刚，此四者，道之所起也。故义胜

欲则昌，欲胜义则亡，敬胜怠则吉，怠胜敬

则灭。"

——《文韬·明传第五》

4　文王问太公曰："赏所以存劝，罚所以示惩，

吾欲赏一以劝百，罚一以惩众，为之奈何？"太

公曰："凡用赏者贵信，用罚者贵必。赏信罚必

于耳目之所闻见，则所不闻见者莫不阴化矣。夫

诚，畅于天地，通于神明，而况于人乎！"

——《文韬·赏罚第十一》

5　武王曰："何以知之？"太公曰："知之有八征：一曰问之以言，以观其辞；二曰穷之以辞，以观其变；三曰与之间谍，以观其诚；四曰明白显问，以观其德；五曰使之以财，以观其廉；六曰试之以色，以观其贞；七曰告之以难，以观其勇；八曰醉之以酒，以观其态。八征皆备，则贤，不肖别矣。"

——《龙韬·选将第二十》

6　武王问太公曰："将何以为威？何以为明？何以为禁止而令行？"太公曰："将以诛大为威，以赏小为明，以罚审为禁止而令行。故杀一人而三军震者，杀之；赏一人而万人悦者，赏之。杀贵大，赏贵小。杀及当路贵重之臣，是刑上极也；赏及牛竖，马洗、厩养之徒，是赏下通也。刑上极，赏下通，是将威之所行也。"

——《龙韬·将威第二十二》

7　　将不仁，则三军不亲；将不勇，则三军不锐；将不智，则三军大疑；将不明，则三军大倾；将不精微，则三军失其机；将不常戒，则三军失其备；将不强力，则三军失其职。故将者，人之司命，三军与之俱治，与之俱乱。得贤将者，兵强国昌；不得贤将者，兵弱国亡。

——《龙韬·奇兵第二十七》

《黄石公三略》 (节选)

1　夫主将之法，务揽英雄之心，赏禄有功，通志于众。故与众同好，靡不成；与众同恶，靡不倾。治国安家，得人也；亡国破家，失人也。含气之类咸愿得其志。

——《上略》

2　军井未达，将不言渴；军幕未办，将不言倦；军灶未炊，将不言饥。冬不服裘，夏不操扇，雨不张盖。是为将礼。

——《上略》

3　用兵之要，必先察敌情：视其仓库，度其粮食，卜其强弱，察其天地，伺其空隙。

——《上略》

4　主，不可以无德，无德则臣叛；不可以无威，无威则失权。臣，不可以无德，无德则无以事君；不可以无威，无威则国弱，威多则身蹶。

——《中略》

5　圣人体天，贤者法地，智者师古。是故《三略》为衰世作："上略"设礼赏，别奸雄，著成败；"中略"差德行，审权变；"下略"陈道德，察安危，明贼贤之咎。故人主深晓"上略"，则能任贤擒敌；深晓"中略"，则能御将统众；深晓"下略"，则能明盛衰之源，审治国之纪。

——《中略》

6　道、德、仁、义、礼，五者一体也。道者人之所蹈，德者人之所得，仁者人之所亲，义者人之所宜，礼者人之所体；不可无一焉。故夙兴夜寐，礼之制也；讨贼报仇，义之决也；恻隐之心，仁之发也；得己得人，德之路也；使人均平，不失其所，道之化也。

——《下略》

7　　夫兵者，不祥之器，天道恶之，不得已而用之，是天道也。夫人之在道，若鱼之在水；得水而生，失水而死。故君子者常畏惧而不敢失道。

——《下略》

兵家经典——黄石公三略

《吴子兵法》(节选)

1　夫道者，所以反本复始；义者，所以行事立功；谋者，所以违害就利；要者，所以保业守成。若行不合道，举不合义，而处大居贵，患必及之。是以圣人绥之以道，理之以义，动之以礼，抚之以仁。此四德者，修之则兴，废之则衰，故成汤讨桀而夏民喜悦，周武伐纣而殷人不非。举顺天人，故能然矣。

——《图国第一》

2　凡治国治军，必教之以礼，励之以义，使有耻也。夫人有耻，在大足以战，在小足以守矣。然战胜易，守胜难。

——《图国第一》

160

3　禁暴救乱曰义，恃众以伐曰强，因怒兴师曰刚，弃礼贪利曰暴，国乱人疲，举事动众曰逆。五者之数，各有其道：义必以礼服，强必以谦服，刚必以辞服，暴必以诈服，逆必以权服。

——《图国第一》

4　武侯尝谋事，群臣莫能及，罢朝而有喜色。起进曰："昔楚庄王尝谋事，群臣莫能及，退朝而有忧色。申公问曰：'君有忧色，何也？'曰：'寡人闻之，世不绝圣，国不乏贤，能得其师者王，得其友者霸。今寡人不才，而群臣莫及者，楚国其殆矣！'此楚庄王之所忧，而君说之，臣窃惧矣。"于是武侯有惭色。

——《图国第一》

5　武侯问曰："兵何以为胜？"起对曰："以治为胜。"又问曰："不在众寡？"对曰："若法令不明，赏罚不信，金之不止，鼓之不进，虽有百

161

兵家经典——吴子兵法

万，何益于用？所谓治者，居则有礼，动则有威，进不可挡，退不可追，前却有节，左右应麾，虽绝成陈，虽散成行。与之安，与之危，其众可合而不可离，可用而不可疲，投之所往，天下莫当，名曰父子之兵。"

——《治兵第三》

6　夫总文武者，军之将也，兼刚柔者，兵之事也。凡人论将，常观于勇，勇之于将，乃数分之一尔。夫勇者必轻合，轻合而不知利，未可也。故将之所慎者五：一曰理，二曰备，三曰果，四曰戒，五曰约。理者，治众如治寡；备者，出门如见敌；果者，临敌不怀生；戒者，虽克如始战；约者，法令省而不烦。受命而不辞，敌破而后言返，将之礼也。故师出之日，有死之荣，无生之辱。

——《论将第四》

《司马法》(节选)

1　古者，以仁为本，以义治之之谓正。正不获意则权。权出于战，不出于中人。是故杀人安人，杀之可也；攻其国，爱其民，攻之可也；以战止战，虽战可也。故仁见亲，义见说，智见恃，勇见身，信见信。内得爱焉，所以守也；外得威焉，所以战也。战道：不违时，不历民病，所以爱吾民也；不加丧，不因凶，所以爱夫其民也；冬夏不兴师，所以兼爱其民也。故国虽大，好战必亡；天下虽安，忘战必危。

——《仁本》

2　天子之义，必纯取法天地而观于先圣。士庶之义，必奉于父母而正于君长。故虽有明君，士不先教，不可用也。古之教民，必立贵贱之伦经，使不相陵。德义不相逾，材技不相掩，勇力不相犯，故力同而意和也。

——《天子之义》

3 凡战，定爵位，著功罪，收游士，申教诏，询厥众，求厥技，方虑极物，变嫌推疑，养力索巧，因心之动。

——《定爵》

4 凡战之道，位欲严，政欲栗，力欲窕，气欲闲，心欲一。凡战之道，等道义，立卒伍，定行列，正纵横，察名实。立进俯，坐进跪。畏则密，危则坐。远者视之则不畏，迩者勿视则不散。

——《严位》

5 凡战，众寡以观其变，进退以观其固，危而观其惧，静而观其怠，动而观其疑，袭而观其治。击其疑，加其卒，致其屈，袭其规。因其不避，阻其图，夺其虑，乘其慑。

——《用众》

中医经典

《福寿论》 (节选)

fú shòu lùn

1 圣人体其道而不为也，贤人知其祸而不欺也，达人断其命而不求也，信人保其信而静守也，仁者守其仁而廉谨也，士人谨其士而谦敬也，凡人昧其理而苟非为也，愚人执其愚而不惮也，小人反其道而终日为也，福者造善之积也，祸者造不善之积也。鬼神盖不能为人之祸，亦不能致人之福。但人积不善之多而煞其命也，富贵者以轻势取为非分也，贫贱者以妄盗取为非分也，神而记之，人不知也。

2 接得非常之利者祥也，小人不可以轻而受之，其所鬻者贱，所价者贵，彼之馀而我之贼，贼而得之者祸也，幸而得之者灾也，分而得之者吉也，屈而得之者福也。

3　　人若能补其过，悔其咎，布仁惠之恩，垂悯恤之念，德达幽冥，可以存矣，尚不能逃其往负之灾。不然者，其祸而多，其寿而促，金之得盈，福之已竭。且无义之富，血属共之，上之困焉，下之丧焉，如此者于我如浮云，不足以为富也。人若奉阴德而不欺者，圣人知之，贤人护之，天乃授之，人以悦之，鬼神敬之，居其富而不失其富，居其贵而不失其贵，祸不及矣，寿不折矣，攻劫之患去矣，水火之灾除矣，必可保生全天寿也。

《千金食治》(节选)

1 《河东卫汛记》曰：扁鹊云人之所根据者形也，乱于和气者病也，理于烦毒者药也，济命扶危者医也。安身之本，必资于食；救疾之速，必凭于药。不知食宜者，不足以存生也；不明药忌者，不能以除病也。斯之二事，有灵之所要也，若忽而不学，诚可悲夫！是故食能排邪而安脏腑，悦神爽志，以资血气。若能用食平，释情遣疾者，可谓良工。长年饵老之奇法，极养生之术也。

——《序论第一》

2 黄帝问曰："谷之五味所主可得闻乎？"伯高对曰："夫食风者则有灵而轻举；食气者则和静

而延寿；食谷者则有智而劳神；食草者则愚痴而多力；食肉者则勇猛而多嗔。是以肝木青色宜酸；心火赤色宜苦；脾土黄色宜甘；肺金白色宜辛；肾水黑色宜咸。内为五脏，外主五行，色配五方。"

——《序论第一》

3　凡常饮食，每令节俭，若贪味多餐，临盘大饱，食讫觉腹中彭亨短气，或致暴疾，仍为霍乱。又夏至以后，迄至秋分，必须慎肥腻、饼、酥油之属，此物与酒浆、瓜果理极相仿。夫在身所以多疾者，皆由春、夏取冷太过，饮食不节故也。又鱼诸腥冷之物，多损于人，断之益善。乳、酪、酥等常食之，令人有筋力、胆干，肌体润泽。卒多食之，亦令胪胀、泄利，渐渐自已。

——《序论第一》

4　五脏不可食忌法：多食酸则皮槁而毛夭；多食苦则筋急而爪枯；多食甘则骨痛而发落；多食

171

辛则肉胝而唇褰；多食咸则脉凝泣而色变。

——《序论第一》

5　五脏所宜食法：肝病宜食麻、犬肉、李、韭；心病宜食麦、羊肉、杏、薤；脾病宜食稗米、牛肉、枣、葵；肺病宜食黄黍、鸡肉、桃、葱；肾病宜食大豆、黄卷、豕肉、栗、藿。

——《序论第一》

6　五味动病法：酸走筋，筋病勿食酸；苦走骨，骨病勿食苦；甘走肉，肉病勿食甘；辛走气，气病勿食辛；咸走血，血病勿食咸。

——《序论第一》

7　五脏病五味对治法：肝苦急，急食甘以缓之；肝欲散，急食辛以散之；用酸泻之，禁当风。心苦缓，急食酸以收之；心欲软，急食咸以软之；用甘泻之，禁温食、浓衣。脾苦湿，急食苦以燥之；脾欲缓，急食甘以缓之；用苦泻之，禁温食饱食，湿地濡衣。肺苦气上逆息者，急食苦以泄之；肺欲收，急食酸以收之，用辛泻之；禁无寒饮食、寒衣。肾苦燥，急食辛以润之，开腠理，润致津液通气也；肾欲坚，急食苦以结之，用咸泻之。

——《序论第一》

8　是以毒药攻邪，五谷为养，五肉为益，五果为助，五菜为充。精以食气，气养精以荣色；形以食味，味养形以生力，此之谓也。

——《序论第一》

《三元参赞延寿书》(节选)

1 书云：凡大风，大雨，大雾，雷电，霹雳，日月薄蚀，虹霓地动，天地昏冥，日月星辰之下，神庙寺观之中，井灶围厕之侧，冢墓尸柩之傍，皆所不可犯，若犯女则损人神。若此时受胎，非止百倍损于父母，生子不仁、不孝，多疾不寿。

—— 《卷一·欲有所避》

2 太公胎教云：母常居静室，多听美言，讲论诗书，陈说礼乐，不听恶言，不视恶事，不起邪念，令生男女福寿，敦厚，忠孝两全。

—— 《卷一·嗣续有方》

3 《养子直诀》云：吃热莫吃冷，吃软莫吃硬，吃少莫吃多。真妙法也。

—— 《卷一·婴儿所忌》

4　　书云：饱食沐发，冷水洗头，饮水休头，热泔洗头，冷水濯足，皆令人头风。

——《卷二·沐浴洗面》

5　　书云：春夏之交，阴雨卑湿，或引饮过多，令患风湿，自汗，体重，转侧难，小便不利。作他治，必不救，惟五苓散最佳。

——《卷二·四时调摄》

6　　书云：夏之一季，是人蜕神之时，心肝肾衰，化为水，至秋而凝，冬始坚。当不问老少，皆食暖物，则不患霍乱。腹暖，百病不作。

——《卷二·四时调摄》

7　　书云：冬时，天地闭，血气藏。作劳，不宜汗出，冷背。

——《卷二·四时调摄》

8　　偶食物饱甚，虽觉体倦，无辄就寝，可运动徐行纳百余步，然后解带、松衣、伸腰、端坐，两手按摩心腹，交叉来往约一二十过，复以两手

自心胁间按擦，向下约十数过，令心腹气道不至
壅塞，过饱食随手消化也。

——《卷三·饮食》

9　三元之道，所谓天元、地元、人元，百二十岁之寿。得其术，则得其寿矣。如迷涂，一呼万里可彻。然天元，六十者固已。失之东隅，能不收之桑榆者乎？归而求之，又将与天地终始，岂止六十而已哉！乔松、彭祖，当敛在下风，或曰此道神仙所秘也。少火方炎，强勉而行真，可一蹴而造仁寿之域，奈之何？道不易知也。纵知之，亦未易行也。人年八八，卦数已极，汞少铅虚，欲真元之复，殆渴而穿井，不亦晚乎？煮石为粥，曾不足以喻其难。吁，是岂知道也哉！剥不穷，则复不返也。阴不极，则阳不生也。知是理，可以制是数矣。

——《卷四·神仙救世却老还童真诀》

《遵生八笺》(节选)

1　《大藏经》曰："救灾解难，不如防之为易；疗疾治病，不如避之为吉。今人见左，不务防之而务救之，不务避之而务药之。譬之有君者不思励治以求安，有身者不能保养以全寿。是以圣人求福于未兆，绝祸于未萌。"

——《清修妙论笺下卷》

2　《禁忌篇》曰："善摄生者，卧起有四时之早晚，兴居有至和之常制。筋骨有偃仰之方，闲邪有吞吐之术。流行营卫有补泻之法，节宣劳逸有予夺之要。忍怒以养阴气，抑喜以养阳气，然后先将草木以救亏缺，服金丹以定不穷。养性之道，尽于此矣。"

——《清修妙论笺下卷》

3　　饮食，活人之本也。是以一身之中，阴阳运用，五行相生，莫不由于饮食。故饮食进则谷气充，谷气充则血气盛，血气盛则筋力强。脾胃者，五脏之宗，四脏之气皆禀于脾，四时以胃气为本。由饮食以资气，生气以益精，生精以养气，气足以生神，神足以全身，相须以为用者也。

——《饮馔服食笺上卷》

4　　饮食之宜，当候已饥而进食，食不厌熟嚼；仍候焦渴而引饮，饮不厌细呷。无待饥甚而食，食勿过饱；时觉渴甚而饮，饮勿太频。食不厌精细，饮不厌温热。

——《饮馔服食笺上卷》

5　　《太上日用经》曰："饮食餐完，禁口端坐，莫起邪念，世事俱忘，存神定意，眼不视物，耳不听声，息心内守，调息绵绵，呼吸自在，似有如无。心火下降，肾水上升，口中津生，灵真附体，得至长生，与天齐寿。"

——《清修妙论笺上卷》

6　　《道林摄生论》曰："老人养寿之道，不令饱食便卧，及终日久坐久劳，皆损寿也。时令小劳，不致疲倦，不可强为不堪之事。食毕，少行百步，以手摩腹百过，消食畅气。食欲少而数，恐多则难化。先饥而食，先渴而饮，先寒而衣，先热而解，勿令汗多。不欲多唾，唾不令远。勿令卧熟扑扇，勿食生冷过多。勿多奔走，勿露卧空阶，而冒大寒、大热、大风、大露。勿伤五味：酸多伤脾，苦多伤肺，辛多伤肝，咸多伤心，甘多伤肾。此数者，老人犹当加意。"

——《清修妙论笺上卷》

7　　一人之身，一国之象也。胸臆之设，犹宫室焉；支体之位，犹郊境焉；骨节之分，犹百川焉；腠理之间，犹四衢焉。神犹君也，血犹臣也，气犹民也。故至人能理其身，亦犹明君能治其国。爱民安国，爱气全身；民弊国亡，气衰身谢。故上士施医于未病之先，防守于未败之日。

故摄生者，先除六害：一曰薄名利，二曰禁声色，三曰廉货财，四曰损滋味，五曰屏虚妄，六曰除嫉妒。六者若存，真经空念，不能挽其衰朽矣。

——《清修妙论笺上卷》

诸子经典

《管子》(节选)

1 凡有地牧民者，务在四时，守在仓廪。国多财，则远者来，地辟举，则民留处；仓廪实，则知礼节；衣食足，则知荣辱；上服度，则六亲固。四维张，则君令行。故省刑之要，在禁文巧，守国之度，在饰四维，顺民之经，在明鬼神，祗山川，敬宗庙，恭祖旧。

——《牧民第一》

2 一年之计，莫如树谷；十年之计，莫如树木；终身之计，莫如树人。一树一获者，谷也；一树十获者，木也；一树百获者，人也。我苟种之，如神用之，举事如神，唯王之门。

——《权修第三》

182

3　惠者，多赦者也，先易而后难，久而不胜其祸：法者，先难而后易，久而不胜其福。故惠者，民之仇雠也；法者，民之父母也。太上以制制度，其次失而能追之，虽有过，亦不甚矣。

——《法法第十六》

4　寡交多亲，谓之知人。寡事成功，谓之知用。闻一言以贯万物，谓之知道。多言而不当，不如其寡也。博学而不自反，必有邪。孝弟者，仁之祖也。忠信者，交之庆也。内不考孝弟，外不正忠信，泽其四经而诵学者，是亡其身者也。

——《戒第二十六》

5　圣人裁物，不为物使。心安，是国安也；心治，是国治也。治也者，心也，安也者，心也。治心在中，治言出于口，治事加于民，故功作而民从，则百姓治矣。所以操者，非刑也，所以危者，非怒也。民人操，百姓治，道其本至也。

——《心术下第三十七》

6　人言善亦勿听，人言恶亦勿听，持而待之，空然勿两之，淑然自清。无以旁言为事成，察而征之，无听辩，万物归之，美恶乃自见。

——《白心第三十八》

7　明主不用其智，而任圣人之智；不用其力，而任众人之力。故以圣人之智思虑者，无不知也；以众人之力起事者，无不成也。能自去而因天下之智力起，则身逸而福多。乱主独用其智，而不任圣人之智；独用其力，而不任众人之力，故其身劳而祸多。故曰："独任之国，劳而多祸。"

——《形势解第六十四》

《墨子》(节选)

1　近者不亲，无务求远；亲戚不附，无务外交；事无终始，无务多业；举物而暗，无务博闻。是故先王之治天下也，必察迩来远。君子察迩而迩修者也。见不修行，见毁，而反之身者也，此以怨省而行修矣。

——《修身》

2　曰："爱人利人者，天必福之；恶人贼人者，天必祸之。"曰："杀不辜者，得不祥焉。夫奚说人为其相杀而天与祸乎？是以知天欲人相爱相利，而不欲人相恶相贼也。"

——《法仪》

3　是故子墨子曰："凡使民尚同者，爱民不疾，民无可使。曰：'必疾爱而使之，致信而持之，富贵以道其前，明罚以率其后。为政若此，唯欲毋与我同，将不可得也。'"

——《尚同下》

4　　然则兼相爱、交相利之法，将奈何哉？子墨子言："视人之国，若视其国；视人之家，若视其家；视人之身，若视其身。是故诸侯相爱，则不野战；家主相爱，则不相篡；人与人相爱，则不相贼；君臣相爱，则惠忠；父子相爱，则慈孝；兄弟相爱，则和调。天下之人皆相爱，强不执弱，众不劫寡，富不侮贫，贵不敖贱，诈不欺愚。

——《兼爱中》

5　　于何本之？上本之于古者圣王之事；于何原之？下原察百姓耳目之实；于何用之？废以为刑政，观其中国家百姓人民之利，此所谓言有三表也。

——《非命上》

6　　子墨子曰："必去六辟。默则思，言则诲，动则事，使三者代御，必为圣人。""必去喜，去怒，去乐，去悲，去爱，而用仁义。手足口鼻耳从事于义，必为圣人。"

——《贵义》

7　　子墨子谓公输子曰："子之为鹊也，不如匠之为车辖。须臾刘三寸之木，而任五十石之重。故所为功，利于人谓之巧，不利于人，谓之拙。"

——《鲁问》

《韩非子》(节选)

1　明君之道，使智者尽其虑，而君因以断事，故君不穷于智；贤者敕其材，君因而任之，故君不穷于能；有功则君有其贤，有过则臣任其罪，故君不穷于名。是故不贤而为贤者师，不智而为智者正。臣有其劳，君有其成功，此之谓贤主之经也。

——《主道》

2　人臣有私心，有公义。修身洁白而行公行正，居官无私，人臣之公义也；污行从欲，安身利家，人臣之私心也。明主在上，则人臣去私心行公义；乱主在上，则人臣去公义行私心。

——《饰邪》

3　安术：一曰，赏罚随是非；二曰，祸福随善恶；三曰，死生随法度；四曰，有贤不肖而无爱恶；五曰，有愚智而无非誉；六曰，有尺寸而无意度；七曰，有信而无诈。

——《安危》

4　圣王之立法也，其赏足以劝善，其威足以胜暴，其备足以必完法。治世之臣，功多者位尊，力极者赏厚，情尽者名立。善之生如春，恶之死如秋，故民劝极力而乐尽情，此之谓上下相得。

——《守道》

5　明君之所以立功成名者四：一曰天时，二曰人心，三曰技能，四曰势位。非天时，虽十尧不能冬生一穗；逆人心，虽贲、育不能尽人力。故得天时，则不务而自生，得人心，则不趣而自劝；因技能则不急而自疾；得势位，则不推进而名成。若水之流，若船之浮。守自然之道，行毋

诸子经典——韩非子

穷之令，故曰明主。

——《功名》

6　明主之国，无书简之文，以法为教；无先王之语，以吏为师；无私剑之捍，以斩首为勇。是境内之民，其言谈者必轨于法，动作者归之于功，为勇者尽之于军。是故无事则国富，有事则兵强，此之谓王资。

——《五蠹》

《鹖冠子》(节选)

1　夫君子者，易亲而难狎，畏祸而难却，嗜利而不为非，时动而不苟作。体虽安之，而弗敢处，然后礼生；心虽欲之，而弗敢信，然后义生。

——《著希第二》

2　圣王者，有听微决疑之道，能屏谗，权实，逆淫辞，绝流语，去无用，杜绝朋党之门，嫉妒之人，不得著明，非君子、术数之士莫得当前。故邪弗能奸，祸不能中。

——《天则第四》

3　夫仁者，君之操也，义者，君之行也，忠者，君之政也，信者，君之教也，圣人者，君之师傅也。君道知人，臣术知事。故临货分财使仁，犯患应难使勇，受言结辞使辩，虑事定计使智，理民处平使谦，宾奏赞见使礼，用民获众使贤，出封越境适绝国使信，制天地御诸侯使圣。

——《道端第六》

4　鹖冠子曰："所谓礼者，不犯者也；所谓乐者，无灾者也；所谓仁者，同好者也；所谓义者，同恶者也；所谓忠者，久愈亲者也；所谓信者，无二响者也。圣人以此六者，卦世得失逆顺之经。"

——《学问第十五》

《淮南子》(节选)

1　迫则能应，感则能动，物穆无穷，变无开像；优游委纵，如响之与景；登高临下，无失所秉；履危行险，无忘玄伏。大道坦坦，去身不远，求之近者，往而复反。能存之此，其德不亏。

——《原道训》

2　今若夫申、韩、商鞅之为治也，梼拔其根，芜弃其本，而不穷究其所由生，何以至此也？凿五刑，为刻削，乃背道德之本而争于锥刀之末，斩艾百姓，殚尽太半，而忻忻然常自以为治，是犹抱薪而救火，凿窦而出水。夫井植生梓而不容瓮，沟植生条而不容舟，不过三月必死。所以然者何也？皆狂生而无其本者也。

——《览冥训》

3　人大怒破阴，大喜坠阳；大忧内崩，大怖生狂。除秽去累，莫若未始出其宗，乃为大通。清目而不以视，静耳而不以听；钳口而不以言，委心而不以虑；弃聪明而反太素，休精神而弃知故；觉而若昧，以生而若死；终则反本未生之时，而与化为一体。死之与生一体也。

——《精神训》

4　国之所以存者，仁义是也；人之所以生者，行善是也。国无义，虽大必亡；人无善志，虽勇必伤。

——《主术训》

5　君子为善不能使福必来，不为非，而不能使祸无至。福之至也，非其所求，故不伐其功；祸之来也，非其所生，故不悔其行。内修极而横祸至者，皆天也，非人也。故中心常恬漠，累积其德；狗吠而不惊，自信其情。故知道者不惑，知命者不忧。

——《诠言训》

6　天下有三危：少德而多宠，一危也；才下而位高，二危也；身无大功而受厚禄，三危也。故物或损之而益，或益之而损。

——《人间训》

7　治身，太上养神，其次养形；治国，太上养化，其次正法。神清志平，百节皆宁，养性之本也；肥肌肤，充肠腹，供嗜欲，养生之末也。民交让争处卑，委利争受寡，力事争就劳，日化上迁善而不知其所以然，此治之上也。利赏而劝善，畏刑而不为非，法令正于上而百姓服于下，此治之末也。

——《泰族训》

诸子经典——淮南子

195

《刘子》（节选）

1 至道无言，非立言无以明其理；大象无形，非立象无以测其奥。道象之妙，非言不传；传言之妙，非学不精。未有不因学而鉴道，不假学以光身者也。

——《卷一·崇学》

2 夫足寒伤心，民劳伤国；足温而心平，人佚而国宁。是故善为理者，必以仁爱为本，不以苛酷为先。宽宥刑罚，以全民命，省彻徭役，以休民力；轻约赋敛，不匮人财，不夺农时，以足民用；则家给国富，而太平可致也。

——《卷三·爱民》

3 遇不遇，命也；贤不贤，性也。怨不肖者，不通性也；伤不遇者，不知命也。如能临难而不慑，贫贱而不忧，可为达命者矣。

——《卷五·遇不遇》

4　君子若能听言如响，从善如流，则身安南山，德茂松柏，声振金石，名流千载也。

——《卷七·贵言》

5　风者，气也；俗者，习也。土地水泉，气有缓急，声有高下，谓之风焉；人居此地，习以成性，谓之俗焉。风有厚薄，俗有淳浇，明王之化，当移风使之雅，易俗使之正。是以上之化下，亦为之风焉；民习而行，亦为之俗焉。

——《卷九·风俗》

6　人有祸必惧，惧必有敬，敬则有福，福则有喜，喜则有骄，骄有祸。是以君子祥至不深喜，逾敬慎以俭身；妖见不为戚，逾修德以为务。故招庆于神祇，灾消而福降也。

——《卷九·祸福》

诸子经典——刘子

197

家训经典

《三字经》(节选)

sān zì jīng

1　人之初，性本善。性相近，习相远。苟不教，性乃迁。教之道，贵以专。昔孟母，择邻处。子不学，断机杼。窦燕山，有义方。教五子，名俱扬。

2　养不教，父之过。教不严，师之惰。子不学，非所宜。幼不学，老何为。玉不琢，不成器。人不学，不知义。为人子，方少时。亲师友，习礼仪。

3　首孝悌，次见闻。知某数，识某文。一而十，十而百。百而千，千而万。三才者，天地人。三光者，日月星。三纲者，君臣义。父子亲，夫妇顺。

4　昔仲尼，师项橐。古圣贤，尚勤学。赵中令，读鲁论。彼既仕，学且勤。披蒲编，削竹简。彼无书，且知勉。头悬梁，锥刺股。彼不教，自勤苦。

5　幼而学，壮而行。上致君，下泽民。扬名声，显父母。光于前，裕于后。人遗子，金满籯。我教子，惟一经。勤有功，戏无益。戒之哉，宜勉力。

《弟子规》(节选)

dì zǐ guī

1　父母呼，应勿缓；父母命，行勿懒；父母教，须敬听；父母责，须顺承。冬则温，夏则清；晨则省，昏则定；出必告，反必面；居有常，业无变。

——《入则孝》

2　兄道友，弟道恭；兄弟睦，孝在中；财物轻，怨何生；言语忍，忿自泯。或饮食，或坐走；长者先，幼者后；长呼人，即代叫；人不在，己即到。

——《出则弟》

3　衣贵洁，不贵华；上循分，下称家；对饮食，勿拣择；食适可，勿过则；年方少，勿饮酒；

饮酒醉，最为丑；步从容，立端正；揖深圆，拜

恭敬。

4　凡出言，信为先；诈与妄，奚可焉；话说多，

不如少；惟其是，勿佞巧。奸巧语，秽污词；市

井气，切戒之；见未真，勿轻言；知未的，勿

轻传。

——《信》

5　闻过怒，闻誉乐；损友来，益友却；闻誉恐，

闻过欣；直谅士，渐相亲；无心非，名为错；有心

非，名为恶；过能改，归于无；倘掩饰，增一辜。

——《信》

6　人不闲，勿事搅；人不安，勿话扰；人有短，

切莫揭；人有私，切莫说；道人善，即是善；人知

之，愈思勉；扬人恶，即是恶；疾之甚，祸且作。

——《泛爱众》

家训经典——弟子规

203

7　善相劝，德皆建；过不规，道两亏；凡取与，贵分晓；与宜多，取宜少；将加人，先问己；己不欲，即速已；恩欲报，怨欲忘；报怨短，报恩长。

——《泛爱众》

8　同是人，类不齐；流俗众，仁者希；果仁者，人多畏；言不讳，色不媚；能亲仁，无限好；德日进，过日少；不亲仁，无限害；小人进，百事坏。

——《亲仁》

9　不力行，但学文；长浮华，成何人；但力行，不学文；任己见，昧理真。读书法，有三到；心眼口，信皆要；方读此，勿慕彼；此未终，彼勿起。

——《余力学文》

《朱子治家格言》(节选)

zhū zǐ zhì jiā gé yán

1 黎明即起，洒扫庭除，要内外整洁。既昏便息，关锁门户，必亲自检点。一粥一饭，当思来处不易。半丝半缕，恒念物力维艰。宜未雨而绸缪，毋临渴而掘井。自奉必须俭约，宴客切勿留连。

2 祖宗虽远，祭祀不可不诚，子孙虽愚，经书不可不读。居身务期质朴，教子要有义方。勿贪意外之财，勿饮过量之酒。

3 见富贵而生谄容者，最可耻。遇贫穷而作骄态者，贱莫甚。居家戒争讼，讼则终凶。处世戒多言，言多必失。毋恃势力而凌逼孤寡，勿贪口腹而恣杀生禽。乖僻自是，悔误必多。颓惰自甘，家道难成。

4　施惠勿念，受恩莫忘。凡事当留余地，得意不宜再往。人有喜庆，不可生妒忌心。人有祸患，不可生喜幸心。善欲人见，不是真善。恶恐人知，便是大恶。见色而起淫心，报在妻女；匿怨而用暗箭，祸延子孙。

5　读书志在圣贤，为官心存君国。守分安命，顺时听天。为人若此，庶乎近焉。

《家范》(节选)

1 　夫人爪牙之利，不及虎豹；膂力之强，不及熊罴；奔走之疾，不及麋鹿；飞飏之高，不及燕雀。苟非群聚以御外患，则反为异类食矣。是故圣人教之以礼，使人知父子兄弟之亲。人知爱其父，则知爱其兄弟矣；爱其祖，则知爱其宗族矣。如枝叶之附于根干，手足之系于身首，不可离也。岂徒使其粲然条理以为荣观哉！乃实欲更相依庇，以捍外患也。

——《卷一·治家》

2 　贤而多财则损其志，愚而多财则益其过。且夫富者，众之怨也。吾既亡，以教化子孙，不欲益其过而生怨。

——《卷二·祖》

3　　父母威严而有慈，则子女畏慎而生孝矣。吾见世间，无教而有爱，每不能然。饮食运为，恣其所欲，宜诫翻奖，应呵反笑，至有识知，谓法当尔。骄慢已习，方乃制之，捶挞至死而无威，忿怒日隆而增怨。逮于长成，终为败德。

——《卷三·父母、父、母》

4　　为人母者，不患不慈，患于知爱而不知教也。古人有言曰："慈母败子。"爱而不教，使沦于不肖，陷于大恶，入于刑辟，归于乱亡。非他人败之也，母败之也。自古及今，若是者多矣，不可悉数。

——《卷三·父母、父、母》

5　　又曰："阴阳殊性，男女异行。阳以刚为德，阴以柔为用。男以强为贵，女以柔为美。"故鄙谚有云："生男如狼，犹恐其尪；生女如鼠，犹恐其虎。"然则修身莫若敬，避强莫若顺。

——《卷八·妻上》

《颜氏家训》(节选)

1　上智不教而成，下愚虽教无益，中庸之人，不教不知也。古者，圣王有胎教之法：怀子三月，出居别宫，目不邪视，耳不妄听，音声滋味，以礼节之。书之玉版，藏诸金匮。生子咳提，师保固明孝仁礼义，导习之矣。

——《教子第二》

2　孔子曰："奢则不孙，俭则固；与其不孙也，宁固。"又云："如有周公之才之美，使骄且吝，其余不足观也已。"然则可俭而不可吝已。俭者，省约为礼之谓也；吝者，穷急不恤之谓也。今有施则奢，俭则吝；如能施而不奢，俭而不吝，可矣。

——《治家第五》

3　　夫明六经之指，涉百家之书，纵不能增益德行，敦厉风俗，犹为一艺，得以自资。父兄不可常依，乡国不可常保，一旦流离，无人庇荫，当自求诸身耳。谚曰："积财千万，不如薄伎在身。"伎之易习而可贵者，无过读书也。

——《勉学第八》

4　　名之与实，犹形之与影也。德艺周厚，则名必善焉；容色姝丽，则影必美焉。今不修身而求令名于世者，犹貌甚恶而责妍影于镜也。上士忘名，中士立名，下士窃名。忘名者，体道合德，享鬼神之福佑，非所以求名也；立名者，修身慎行，惧荣观之不显，非所以让名也；窃名者，厚貌深奸，干浮华之虚称，非所以得名也。

——《名实第十》

5　　礼云："欲不可纵，志不可满。"宇宙可臻其极，情性不知其穷，唯在少欲知足，为立涯限尔。先祖靖侯戒子侄曰："汝家书生门户，世无富贵；自今仕宦不可过二千石，婚姻勿贪势家。"吾终身服膺，以为名言也。天地鬼神之道，皆恶满盈。谦虚冲损，可以免害。

——《止足第十三》

6　　仁者，不杀之禁也；义者，不盗之禁也；礼者，不邪之禁也；智者，不酒之禁也；信者，不妄之禁也。

——《归心第十六》

《袁氏家训》(节选)

1　士之品有三：志于道德者为上，志于功名者次之，志于富贵者为下。近世人家生子，禀赋稍异，父母师友即以富贵期之。其子幸而有成，富贵之外，不复知功名为何物，况道德乎！

——《父教次子·袁襄录》

2　且嘱余曰："医有八事须知。"

余请问，父曰："志欲大而心欲小，学欲博而业欲专，识欲高而气欲下，量欲宏而守欲洁。发慈悲恻隐之心，拯救大地含灵之苦。立此大志矣，而于用药之际，兢兢以人命为重，不敢妄投一剂，不敢轻试一方，此所谓小心也。上察气运于天，下察草木于地，中察情性于人，学极其博矣。"

——《父教三子·袁裳录》

3　野葛虽毒，不食则不能伤生；情欲虽危，不染则无由累己。问："何得不染？"曰："但使真心不昧，则欲念自消。偶起即觉，觉之即无，如此而已。"

——《父教四子·袁表录》

4　毋以饮食伤脾胃，毋以床笫耗元阳，毋以言语损现在之福，毋以天地造子孙之殃，毋以学术误天下后世。

——《父教四子·袁表录》

5　父每接人，辄温然如春。然察之，微有不同。接俗人则正色缄口，诺诺无违。接尊长则敛智黜华，意念常下。接后辈则随方寄诲，诚意可掬。唯接同志之友，则或高谈雄辩，耸听四筵，或婉语微词，频惊独坐，闻之者未始不爽然失，帖然服也。

——《父教四子·袁表录》

家训经典——袁氏家训

6　　丙午六月，父患微疾，命移榻于中堂，告诸兄曰："吾祖吾父皆预知死期，皆沐浴更衣，肃然坐逝，皆不死于妇人之手。我今欲长逝矣。"遂闭户谢客，日惟焚香静坐。

至七月初四日，亲友毕集，诸兄咸在。呼予携纸笔进前，书曰："附赘乾坤七十年，飘然今喜谢尘缘，须知灵运终成佛，焉识王乔不是仙！身外幸无轩冕累，世闲漫有性真传。云山千古成长住，哪管儿孙俗与贤！"投笔而逝。

——《父教四子·袁表录》

7　　恤穷济众，是第一件好事。恨无力，不能广施，但随事节省，尽可行仁。母平日念佛，行住坐卧，皆不辍。问其故曰："吾以收心也。尝闻汝父有言：人心如火，火必丽木，心必丽事，故曰：'必有事焉'。一提佛号，万妄俱息，终日持之，终日心常敛也。"

——《母教五子·袁衮录》

《钱氏家训》(节选)

1 心术不可得罪于天地，言行皆当无愧于圣贤。曾子之三省勿忘，程子之四箴宜佩。持躬不可不谨严，临财不可不廉介。处事不可不决断，存心不可不宽厚。尽前行者地步窄，向后看者眼界宽。花繁柳密处拨得开，方见手段；风狂雨骤时立得定，才是脚跟。能改过则天地不怒，能安分则鬼神无权。

——《个人篇》

2 欲造优美之家庭，须立良好之规则。内外六闾整洁，尊卑次序谨严。父母伯叔孝敬欢愉，妯娌弟兄和睦友爱。祖宗虽远，祭祀宜诚；子孙虽愚，诗书须读。娶媳求淑女，勿计妆奁；嫁女择佳婿，勿慕富贵。

——《家庭篇》

3　　信交朋友，惠普乡邻；恤寡矜孤，敬老怀幼；救灾周急，排难解纷；修桥路以利从行，造河船以济众渡；兴启蒙之义塾，设积谷之社仓；私见尽要铲除，公益概行提倡；不见利而起谋，不见才而生嫉；小人固当远，断不可显为仇敌；君子固当亲，亦不可曲为附和。

——《社会篇》

4　　利在一身勿谋也，利在天下者必谋之；利在一时固谋也，利在万世者更谋之。大智兴邦，不过集众思；大愚误国，只为好自用。聪明睿智，守之以愚；功被天下，守之以让。勇力振世，守之以怯；富有四海，守之以谦。庙堂之上，以养正气为先；海宇之内，以养元气为本。务本节用则国富，进贤使能则国强。兴学育才则国盛，交邻有道则国安。

——《国家篇》

《聪训斋语》(节选)

1 人心至灵至动，不可过劳，亦不可过逸，惟读书可以养之。书卷乃养心第一妙物。闲适无事之人，镇日不观书，则起居出入，身心无所栖泊，耳目无所安顿，势必心意颠倒，妄想生嗔。处逆境不乐，处顺境亦不乐。每见人栖栖皇皇，觉举动无不碍者，此必不读书之人也。

——《卷一·读书增道心》

2 富贵贫贱，总难称意，知足即为称意；山水花竹，无恒主人，得闲便是主人。大约富贵人役于名利，贫贱人役于饥寒，总无闲情及此，惟付之浩叹耳。

——《卷一·闲情胜名利》

3　俭于饮食，可以养脾胃；俭于嗜欲，可以聚精神；俭于言语，可以养气息非；俭于交游，可以择友寡过；俭于酬酢，可以养身息劳；俭于夜坐，可以安神舒体；俭于饮酒，可以清心养德；俭于思虑，可以蠲烦去扰。

——《卷一·致寿之根本》

4　予之立训，更无多言，止有四语：读书者不贱，守田者不饥，积德者不倾，择交者不败。尝将四语律身训子，亦不用烦言夥说矣。虽至寒苦之人，但能读书为文，必使人钦敬，不敢忽视。其人德性，亦必温和，行事决不颠倒，不在功名之得失，遇合之迟速也。

——《卷一·立训四则》

5　天道造物，必无两全。汝辈既享席丰履厚之福，又思事事周全，揆之天道，岂不诚难？惟有敦厚谦谨，慎言守礼，不可与寒士同一般感慨歔歇，放言高论，怨天尤人，庶不为造物鬼神所呵责也。

——《卷二·厚重沉静以载福》

6　　凡读书，二十岁以前所读之书与二十岁以后所读之书迥异。幼年知识未开，天真纯固，所读者虽久不温习，偶尔提起，尚可数行成诵。若壮年所读，经月则忘，必不能持久。故六经、秦汉之文，词语古奥，必须幼年读。长壮后，虽倍蓰其功，终属影响。自八岁至二十岁，中间岁月无多，安可荒弃或读不急之书？此时，时文固不可不读，亦须择典雅醇正、理纯辞裕、可历二三十年无弊者读之。

——《卷二·温故而知新》

家训经典——聪训斋语

《五种遗规》（节选）

1 凡人有记性，有悟性。自十五以前，物欲未染，知识未开，多记性，少悟性。十五后，知识既开，物欲渐染，则多悟性，少记性。故凡所当读书，皆当自十五前使之熟读，不但四书五经，即如天文、地理、史学、算学之类，皆有歌诀，皆须熟读。若年稍长，不惟不肯读，且不能读矣。

——陆桴亭《论小学》

2 人少小时，未有不好歌舞者。盖天籁之发，开机之动。歌舞即礼乐之渐也。圣人因其歌舞，教以礼乐，所谓因其势而利导之。今人教子，宽者或流于放荡，严者并遏其天机，皆不识圣人礼乐之意。欲蒙养之端难矣。

——陆桴亭《论小学》

3　古人教人读书，是欲其将圣贤言语，身体力行，非欲其空读也。凡日间一言一动。须自省察。曰："此合于圣贤之言乎？不合于圣贤之言乎？"苟有不合，须痛自改易。如此，方是真读书人。

——陆清献公《示子弟帖》

4　凡人为不善事而不成，不必怨尤，此乃天之所爱，终无祸患。如见他人为不善事常称意者，不须多美，此乃天之所弃。待其积恶深厚，从而殄灭之。不在其身，则在其子孙也。

——袁氏《世范》

5　昔人云："见利思义。见色亦当思义，则邪念自息矣。"《四十二章》经数语甚好："老者以为母，长者以为姊，少者如妹，幼者如女，敬之

以礼。"予少时每乐诵此数语。然细味之。犹有

解譬降伏之劳。若能思义，则男有室，女有家，

自不得一毫乱动，何烦解譬降伏。

——陆桴亭《思辨录》

6　教子工夫，第一在齐家，第二方在择师。若

不能齐家，则其子自孩提以来，爱憎颦笑，必有

不能一轨于正者矣。虽有良师，化诲亦难。

——陆桴亭《思辨录》

7　凡做人，须有宽和之气。处家不论贫富，亦

须有宽和之气。此是阳春景象，百物由以生长。

若一向刻急烦细。虽所执未为不是。不免秋杀气

象，百物随以凋殒。感召之理有然。天道人事，

常相依也。

——张杨园《训子语》

8　做人最忌是阴恶。处心尚阴刻，作事多阴

谋，未有不殃及子孙者。语云："有阴德者，必

有阳报。"先人有言："存心常畏天知。"吾于斯言，夙夜念之。

——张杨园《训子语》

9　我不识何等为君子，但看日间每事肯吃亏的，便是。我不识何等为小人，但看日间每事好便宜的，便是。要真实保身家人，便已近君子一路。此等人必不为恶也。

——魏叔子《日录》

《曾国藩家书》(节选)

1 盖士人读书，第一要有志，第二要有识，第三要有恒。有志，则断不甘为下流。有识，则知学问无尽，不敢以一得自足；如河伯之观海，如井蛙之窥天，皆无见识者也。有恒，则断无不成之事。此三者缺一不可。

2 余欲上不愧先人，下不愧沅弟，惟以力教家中勤俭为主。余于俭字做到六七分，勤字则尚无五分工夫。弟与沅弟于勤字做到六七分，俭字则尚欠工夫。以后勉其所长、各戒其所短；弟每用一钱，均须三思。至嘱！

3 凡人多望子孙为大官，余不愿为大官，但愿为读书明理之君子。勤俭自持，习劳习苦，可以处乐，可以处约。此君子也。余服官二十年，不敢稍染官宦习气，饮食起居，尚守寒素家风，极俭也可，略丰也可，太丰则吾不敢也。凡世宦之家，由俭入奢易，由奢返俭难。尔年尚幼，切不可贪爱奢华，不可惯习懒惰。无论大家小家、士农工商，勤苦俭约，未有不兴，骄奢倦怠，未有不败。尔读书写字不可间断，早晨要早起，莫坠高曾祖考以来相传之家风。吾父吾叔，皆黎明即起，尔之所知也。凡富贵功名，皆有命定，半由人力，半由天事。惟学作圣贤，全由自己作主，不与天命相干涉。吾有志学为圣贤，少时欠居敬工夫，至今尤不免偶有戏言戏动。尔宜举止端庄，言不妄发，则入德之基也。

4　身体虽弱，却不宜过于爱惜，精神愈用则愈出，阳气愈提则愈盛。每日作事愈多，则夜间临睡愈快活。若存一爱惜精神的意思，将前将却，奄奄无气，决难成事。

5　　儿侄辈总须教之读书，凡事当有收拾。宜令勤慎，无作欠伸懒漫样子。至要至要。吾兄弟中惟澄弟较勤，吾近日亦勉为勤敬。即令世运艰屯，而一家之中勤则兴，懒则败，一定之理。

6　　人之气质，由于天生，很难改变，唯读书则可以变化气质。古之精相法者，并言读书可以变换骨相。欲求变之之法，总须先立坚卓之志。

7　　傲为凶德，惰为衰气，二者皆败家之道。戒惰莫如早起，戒傲莫如多走路，少坐轿。望弟留心儆戒，如闻我有傲惰之处，亦写信来规劝。

史学经典

《晏子春秋》(节选)

1　禽兽以力为政，强者犯弱，故日易主，今君去礼，则是禽兽也。群臣以力为政，强者犯弱，而日易主，君将安立矣！凡人之所以贵于禽兽者，以有礼也；故诗曰："人而无礼，胡不遄死。"礼不可无也。

——《卷一·内篇谏上第一》

2　昔者三代之兴也，利于国者爱之，害于国者恶之，故明所爱而贤良众，明所恶而邪僻灭，是以天下治平，百姓和集。及其衰也，行安简易，身安逸乐，顺于己者爱之，逆于己者恶之，故明所爱而邪僻繁，明所恶而贤良灭，离散百姓，危覆社稷。君上不度圣王之兴，而下不观惰君之衰，臣惧君之逆政之行，有司不敢争，以覆社稷，危宗庙。

——《卷一·内篇谏上第一》

3　　景公之时，雨雪三日而不霁。公被狐白之裘，坐堂侧陛。晏子入见，立有间，公曰："怪哉！雨雪三日而天不寒。"晏子对曰："天不寒乎？"公笑。晏子曰："婴闻古之贤君饱而知人之饥，温而知人之寒，逸而知人之劳。今君不知也。"公曰："善！寡人闻命矣。"乃令出裘发粟，与饥寒。令所睹于涂者，无问其乡；所睹于里者，无问其家；循国计数，无言其名。士既事者兼月，疾者兼岁。孔子闻之曰："晏子能明其所欲，景公能行其所善也。"

——《卷一·内篇谏上第一》

4　　公问晏子曰："谋必得，事必成，有术乎？"晏子对曰："有。"公曰："其术如何？"晏子曰：

"谋度于义者必得，事因于民者必成。"

——《卷三·内篇问上第三》

5　且婴闻之，廉者，政之本也；让者，德之主也。栾、高不让，以至此祸，可毋慎乎！廉之谓公正，让之谓保德，凡有血气者，皆有争心，怨利生孽，维义可以为长存。且分争者不胜其祸，辞让者不失其福，子必勿取。

——《卷六·内篇杂下第六》

6　婴闻之，圣人千虑，必有一失；愚人千虑，必有一得。

——《卷六·内篇杂下第六》

《国语》(节选)

1 　防民之口，甚于防川。川壅而溃，伤人必多，民亦如之。是故为川者，决之使导；为民者，宣之使言。

——《周语·邵公谏厉王弭谤》

2 　苦成氏有三亡：少德而多宠，位下而欲上政，无大功而欲大禄，皆怨府也。

——《鲁语·子叔声伯辞邑》

3 　"民生于三，事之如一。"父生之，师教之，君食之。非父不生，非食不长，非教不知生之族也，故壹事之。唯其所在，则致死焉。报生以死，报赐以力，人之道也。臣敢以私利废人之道，君何以训矣？

——《晋语·武公伐翼止栾共子无死》

4　夫众口祸福之门。是以君子省众而动，监戒而谋，谋度而行，故无不济。内谋外度，考省不倦，日考而习，戒备毕矣。

——《晋语·惠公入而背外内之赂》

5　将有请于人，必先有入焉。欲人之爱己也，必先爱人。欲人之从己也，必先从人。无德于人，而求用于人，罪也。

——《晋语·重耳婚媾怀嬴》

6　子患政德之不修，无患吴矣。夫阖庐口不贪嘉味，耳不乐逸声，目不淫于色，身不怀于安，朝夕勤志，恤民之羸，闻一善若惊，得一士若赏，有过必悛，有不善必惧，是故得民以济其志。今吾闻夫差好罢民力以成私好，纵过而翳谏，一夕之宿，台榭陂池必成，六畜玩好必从。夫差先自败也已，焉能败人。子修德以待吴，吴将毙矣。

——《楚语·蓝尹亹论吴将毙》

7　　夫战，智为始，仁次之，勇次之。不智，则不知民之极，无以铨度天下之众寡；不仁，则不能与三军共饥劳之殃；不勇，则不能断疑以发大计。

——《吴语·勾践灭吴夫差自杀》

史学经典——国语

《战国策》(节选)

zhàn guó cè

1 张仪说秦王曰:"臣闻之,弗知而言为不智,知而不言为不忠。为人臣不忠当死,言不审亦当死。虽然,臣愿悉言所闻,唯大王裁其罪。"

——《秦策一·张仪说秦王》

2 冯谖曰:"狡兔有三窟,仅得免其死耳。今君有一窟,未得高枕而卧也。请为君复凿二窟。"

——《齐策四·齐人有冯谖者》

3 江乙曰:"以财交者,财尽而交绝;以色交者,华落而爱渝。是以蔽女不敝席,宠臣不避轩。今君擅楚国之势,而无以深自结于王,窃为君危之。"

——《楚策一·江乙说于安陵君》

4　臣观成事，闻往古，天下之美同，臣主之权均之能美，未之有也。前事之不忘，后事之师。

——《赵策一·张孟谈既固赵宗》

5　秦王怫然怒，谓唐雎曰："公亦尝闻天子之怒乎？"唐雎对曰："臣未尝闻也。"秦王曰："天子之怒，伏尸百万，流血千里。"唐雎曰："大王尝闻布衣之怒乎？"秦王曰："布衣之怒，亦免冠徒跣，以头抢地尔。"唐雎曰："此庸夫之怒也，非士之怒也。夫专诸之刺王僚也，彗星袭月；聂政之刺韩傀也，白虹贯日；要离之刺庆忌也，苍鹰击于殿上。此三子者，皆布衣之士也，怀怒未发，休祲降于天，与臣而将四矣。若士必怒，伏尸二人，流血五步，天下缟素，今日是也。"挺剑而起。秦王色挠，长跪而谢之曰："先生坐，何至于此！寡人谕矣。夫韩、魏灭亡，而安陵以五十里之地存者，徒以有先生也。"

——《魏策四·秦王使人谓安陵君曰》

史学经典——战国策

6 谚曰："厚者不毁人以自益也，仁者不危人以要名。以故掩人之邪者，厚人之行也；救人之过者，仁者之道也。"

——《燕策三·燕王喜使栗腹以百金为赵孝成王寿》

《贞观政要》(节选)

1　太宗曰："任贤能，受谏诤，即可。何谓为难?"征曰："观自古帝王，在于忧危之间，则任贤受谏。及至安乐，必怀宽怠，言事者惟令兢惧，日陵月替，以至危亡。圣人所以居安思危，正为此也。安而能惧，岂不为难?"

——《君道第一》

2　顾谓征曰："玉虽有美质，在于石间，不值良工琢磨，与瓦砾不别。若遇良工，即为万代之宝。朕虽无美质，为公所切磋，劳公约朕以仁义，弘朕以道德，使朕功业至此，公亦足为良工尔。"

——《政体第二》

3　小臣不可委以大事，大臣不可责以小罪。任以大官，求其细过，刀笔之吏，顺旨承风，舞文弄法，曲成其罪。自陈也，则以为心不伏辜；不言也，则以为所犯皆实。进退惟谷，莫能自明，则苟求免祸。大臣苟免，则谲诈萌生。谲诈萌生，则矫伪成俗。矫伪成俗，则不可以臻至理矣。

——《君臣鉴戒第六》

4　致理之本，惟在于审。量才授职，务省官员。故《书》称："任官惟贤才"。又云："官不必备，惟其人。"若得其善者，虽少亦足矣；其不善者，纵多亦奚为？

——《择官第七》

5　臣闻知臣莫若君，知子莫若父。父不能知其子，则无以睦一家；君不能知其臣，则无以齐万国。

——《择官第七》

6　贞观十三年，太宗谓侍臣曰："林深则鸟栖，水广则鱼游，仁义积则物自归之。人皆知畏避灾害，不知行仁义则灾害不生。夫仁义之道，当思之在心，常令相继，若斯须懈怠，去之已远，犹如饮食资身，恒令腹饱，乃可存其性命。"

——《仁义第十三》

7　人君之治莫大于道德教化也。民有性、有情、有化、有俗。情性者，心也，本也；俗化者，行也，末也。是以上君抚世，先其本而后其末，顺其心而履其行。心情苟正，则奸慝无所生，邪意无所载矣。是故上圣无不务理民心。

——《公平第十六》

《纲鉴易知录》(节选)

1　舜母死，瞽叟更娶妻而生象，象傲。瞽叟爱妻后子，常欲杀舜，舜避逃；及有小过，则受罪。顺适不失子道，孝而慈于弟，日以笃谨。年二十，以孝闻。耕历山，历山之人皆让畔。渔雷泽，雷泽之人皆让居。陶河滨，河滨之器不苦窳。作什器于寿丘，就时于负夏。所居一年成聚，二年成邑，三年成都。

　　　　　　——《卷一·三皇纪五帝纪夏纪》

2　西伯行于野，见枯骨，命瘗之。吏曰："此无主矣。"西伯曰："有天下者天下之主，有一国者一国之主。吾即其主。"遂葬之。天下闻之曰："西伯泽及枯骨，况于人乎！"西伯笃仁、敬老、慈少、礼下贤者，日中不暇食以待士，士以此归之。太颠、闳夭、散宜生、鬻子、辛甲，皆往归焉。

——《卷二·夏纪商纪周纪》

3　　伯禽就封于鲁，周公谓伯禽曰："我文王之子，武王之弟，今王之叔父，吾于天下不贱矣。然我一沐三握发，一饭三吐哺，起以待士，犹恐失天下之贤人。子之鲁，慎无以国骄人！"

——《卷三·周纪》

4　　郑人游于乡校，以论执政。然明谓子产："毁乡校如何？"子产曰："夫人朝夕退而游焉，以议执政之善否。其所善者，吾则行之；其所恶者，吾则改之。是吾师也，若之何毁之！我闻忠善以损怨，不闻作威以防怨，岂不遽止。然犹防川，大决所犯，伤人必多，吾不克救也，不如小决使道，不如吾闻而药之也。"仲尼闻之曰："人

史学经典——纲鉴易知录

谓子产不仁，吾不信也！"

——《卷四·周纪》

5　　孔子为鲁相，摄朝七日而诛少正卯。门人问曰："少正卯，鲁之闻人也。夫子为政而始诛之，得无失乎？"孔子曰："人有大恶者五，而盗窃不与焉：一曰心达而险，二曰行僻而坚，三曰言伪而辩，四曰记丑而博，五曰顺非而泽。此五者有一于人，则不免于君子之诛，而少正卯兼有之。其居处足以聚徒成群，言谈足以饰邪荧众，强足以反是独立，此小人之桀雄也，不可以不诛也！是以汤诛尹谐，文王诛潘正，周公诛管叔，太公诛华仕，管仲诛付里乙，子产诛邓析、央何。此七子者，皆异世同心，不可不诛也。"

——《卷四·周纪》

6　　范蠡辞于句践，乘轻舟以浮于五湖，遗大夫种书曰："飞鸟尽，良弓藏。狡兔死，走狗烹。

敌国破，谋臣亡。越王长颈乌喙，可与共患难，不可与共安乐。子何不去？"种见书，称病不朝。人或谗种且作乱，越王乃赐种剑，种自杀。

——《卷四·周纪》

7　初，帝闻西域有神，其名曰佛，因遣使之天竺，求其道；得其书及沙门以来。其书大抵以虚无为宗，贵慈悲不杀，以为人死精神不灭，随复受形；生时所行善恶，皆有报应，故所贵修练精神，以至为佛。善为宏阔胜大之言，以劝诱愚俗。精于其道者，号曰沙门。于是中国始传其术，图其形像，而王公贵人，独楚王英最先好之。

——《卷二一·东汉纪》

8　震孤贫好学，通达博览，诸儒为之语曰："关西孔子杨伯起。"鸷闻而辟之，累迁荆州刺史、东莱太守。当之郡，道经昌邑，故所举荆州茂才王密为令，夜怀金遗震。震曰："故人知君，君不知故人，何也！"密曰："暮夜无知者。"震曰："天知，地知，我知，子知，何谓无知者！"密愧而出。子孙常疏食、步行；故旧或欲令为开产业，震曰："使后世称为清白吏子孙，以此遗之，不亦厚乎！"

——《卷二二·东汉纪》

文集经典

《吕氏春秋》(节选)

1　流水不腐，户枢不蠹，动也。形气亦然。形不动则精不流，精不流则气郁。

——《纪·季春纪》

2　四曰：主道约，君守近。太上反诸己，其次求诸人。其索之弥远者，其推之弥疏；其求之弥强者，失之弥远。何谓反诸己也？适耳目，节嗜欲，释智谋，去巧故，而游意乎无穷之次，事心乎自然之涂。若此则无以害其天矣。无以害其天则知精，知精则知神，知神之谓得一。

——《纪·季春纪》

3　故师之教也，不争轻重尊卑贫富，而争于道。其人苟可，其事无不可。所求尽得，所欲尽成，此生于得圣人。圣人生于疾学。不疾学而能为魁士名人者，未之尝有也。疾学在于尊师。师尊则言信矣，道论矣。故往教者不化，召师者不化；自卑者不听，卑师者不听。

4　　故教也者，义之大者也；学也者，知之盛者也。义之大者，莫大于利人，利人莫大于教；知之盛者，莫大于成身，成身莫大于学。身成则为人子弗使而孝矣，为人臣弗令而忠矣，为人君弗强而平矣，有大势可以为天下正矣。故子贡问孔子曰："后世将何以称夫子？"孔子曰："吾何足以称哉？勿已者，则好学而不厌，好教而不倦，其惟此邪！"天子入太学祭先圣，则齿尝为师者弗臣，所以见敬学与尊师也。

5　　凡为天下，治国家，必务本而后末。所谓本者，非耕耘种殖之谓，务其人也。务其人，非贫而富之，寡而众之，务其本也。务本莫贵于孝。人主孝，则名章荣，下服听，天下誉；人臣孝，则事君忠，处官廉，临难死；士民孝，则耕芸疾，守战固，不罢北。夫孝，三皇五帝之本务，而万事之纪也。

——《览·孝行览》

6　欲知平直，则必准绳；欲知方圆，则必规矩；人主欲自知，则必直士。故天子立辅弼，设师保，所以举过也。夫人故不能自知，人主独甚。存亡安危，勿求于外，务在自知。尧有欲谏之鼓，舜有诽谤之木，汤有司直之士，武王有戒慎之鞀，犹恐不能自知。今贤非尧舜汤武也，而有掩蔽之道，奚繇自知哉？荆成、齐庄不自知而杀，吴王、智伯不自知而亡，宋、中山不自知而灭，晋惠公、赵括不自知而虏，钻荼、庞涓、太子申不自知而死，败莫大于不自知。

——《论·不苟论》

《诸葛亮集》（节选）

1　夫君子之行，静以修身，俭以养德。非澹泊无以明志，非宁静无以致远。夫学须静也，才须学也，非学无以广才，非志无以成学。淫慢则不能励精，险躁则不能治性。年与时驰，意与日去，遂成枯落，多不接世，悲守穷庐，将复何及！

——《诫子书》

2　夫志当存高远，慕先贤，绝情欲，弃凝滞，使庶几之志，揭然有所存，恻然有所感；忍屈伸，去细碎，广咨问，除嫌吝，虽有淹留，何损于美趣，何患于不济。若志不强毅，意不慷慨，徒碌碌滞于俗，默默束于情，永窜伏于凡庸，不免于下流矣！

——《诫外生书》

3　势利之交，难以经远。士之相知，温不增华，寒不改叶，能四时而不衰，历夷险而益固。

——《论交》

4　老子长于养性，不可以临危难。商鞅长于理法，不可以从教化。苏、张长于驰辞，不可以结盟誓。白起长于攻取，不可以广众。子胥长于图敌，不可以谋身。尾生长于守信，不可以应变。王嘉长于遇明君，不可以事暗主。许子将长于明臧否，不可以养人物。此任长之术者也。

——《论诸子》

5　范蠡以去贵为高，虞卿以含相为功，太伯以三让为仁，燕哙以辞国为祸，尧、舜以禅位为圣，孝哀以授董为愚，武王以取殷为义，王莽以夺汉为篡，桓公以管仲为霸，秦王以赵高丧国。

此皆趣同而事异也。明者以兴，暗者以辱乱也。

——《论让夺》

6　故孔子云，明君之治，不患人之不己知，患不知人也。不患外不知内，惟患内不知外；不患下不知上，惟患上不知下；不患贱不知贵，惟患贵不知贱。故士为知己者死，女为悦己者容，马为策己者驰，神为通己者明。故人君决狱行刑，患其不明。

——《便宜十六策》

7　夫知人之性，莫难察焉。美恶既殊，情貌不一，有温良而为诈者，有外恭而内欺者，有外勇而内怯者，有尽力而不忠者。然知人之道有七焉：一曰间之以是非而观其志，二曰穷之以辞辩而观其变，三曰咨之以计谋而观其识，四曰告之以祸难而观其勇，五曰醉之以酒而观其性，六曰临之以利而观其廉，七曰期之以事而观其信。

——《将苑·知人性》

文集经典——诸葛亮集

251

8　　夫为将者，必有腹心、耳目、爪牙。无腹心者，如人夜行，无所措手足；无耳目者，如冥然而居，不知运动；无爪牙者，如饥人食毒物，无不死矣。故善将者，必有博闻多智者为腹心，沉审谨密者为耳目，勇悍善敌者为爪牙。

——《将苑·腹心》

9　　圣人则天，贤者法地，智者则古。骄者招毁，妄者稔祸，多语者寡信，自奉者少恩，赏于无功者离，罚加无罪者怨，喜怒不当者灭。

——《将苑·自勉》

《韩愈集》(节选)

1　博爱之谓仁，行而宜之之谓义，由是而之焉之谓道，足乎己无待于外之谓德。仁与义为定名，道与德为虚位。故道有君子小人，而德有凶有吉。

——《原道》

2　古之君子，其责己也重以周，其待人也轻以约。重以周，故不怠；轻以约，故人乐为善。闻古之人有舜者，其为人也，仁义人也。求其所以为舜者，责于己曰："彼，人也；予，人也。彼能是，而我乃不能是！"早夜以思，去其不如舜者，就其如舜者。

——《原毁》

3　　古之学者必有师。师者，所以传道受业解惑也。人非生而知之者，孰能无惑？惑而不从师，其为惑也，终不解矣。生乎吾前，其闻道也，固先乎吾，吾从而师之；生乎吾后，其闻道也亦先乎吾，吾从而师之。吾师道也，夫庸知其年之先后生于吾乎？是故无贵无贱，无长无少，道之所存，师之所存也。

——《师说》

4　　嗟乎！师道之不传也久矣！欲人之无惑也难矣！古之圣人，其出人也远矣，犹且从师而问焉；今之众人，其下圣人也亦远矣，而耻学于师。是故圣益圣，愚益愚。

——《师说》

5　　圣人无常师。孔子师郯子、苌弘、师襄、老聃。郯子之徒，其贤不及孔子。孔子曰："三人行，则必有我师。"是故弟子不必不如师，师不必贤于弟子，闻道有先后，术业有专攻，如是而已。

——《师说》

6　世有伯乐，然后有千里马。千里马常有，而伯乐不常有。故虽有名马，祗辱于奴隶人之手，骈死于槽枥之间，不以千里称也。马之千里者，一食或尽粟一石。食马者不知其能千里而食也。是马也，虽有千里之能，食不饱，力不足，才美不外见，且欲与常马等不可得，安求其能千里也？策之不以其道，食之不能尽其材，鸣之而不能通其意，执策而临之，曰："天下无马！"呜呼！其真无马邪？其真不知马也！

——《马说》

7　国子先生晨入太学，招诸生立馆下，诲之曰："业精于勤，荒于嬉；行成于思，毁于随。"

——《进学解》

文集经典——韩愈集

《范文正公文集》（节选）

1 盖先生之心，出乎日月之上；光武之器，包乎天地之外。微先生，不能成光武之大，微光武，岂能遂先生之高哉？而使贪夫廉，懦夫立，是大有功于名教也。某来守是邦，始构堂而奠焉，乃复为其后者四家，以奉祠事。又从而歌曰："云山苍苍，江水泱泱，先生之风，山高水长！"

——《桐庐郡严先生祠堂记》

2 至若春和景明，波澜不惊，上下天光，一碧万顷，沙鸥翔集，锦鳞游泳，岸芷汀兰，郁郁青青。而或长烟一空，皓月千里，浮光跃金，静影沉璧，渔歌互答，此乐何极！登斯楼也，则有心旷神怡，宠辱偕忘，把酒临风，其喜洋洋者矣。

3　嗟夫！予尝求古仁人之心，或异二者之为，何哉？不以物喜，不以己悲，居庙堂之高则忧其民，处江湖之远则忧其君。是进亦忧，退亦忧。然则何时而乐耶？其必曰先天下之忧而忧，后天下之乐而乐乎！噫！微斯人，吾谁与归？

4　孝道当竭力，忠勇表丹诚；兄弟互相助，慈悲无边境。勤读圣贤书，尊师如重亲；礼义勿疏狂，逊让敦睦邻。敬长与怀幼，怜恤孤寡贫；谦恭尚廉洁，绝戒骄傲情。字纸莫乱废，须报五谷恩；作事循天理，博爱惜生灵。处世行八德，修身奉祖神；儿孙坚心守，成家种善根。

5　君不见仲尼之云兮，予欲无言。累累四方，曾不得而已焉。又不见孟轲之志兮，养其浩然。

文集经典——范文正公文集

257

皇皇三月，曾何敢以休焉。此小者优优，而大者乾乾。我乌也勤于母兮自天，爱于主兮自天；人有言兮是然，人无言兮是然。

——《灵乌赋》

6　夫善国者，莫先育材。育材之方，莫先劝学。劝学之要，莫尚宗经。宗经则道大，道大则才大，才大则功大。盖圣人法度之言存乎《书》；安危之几存乎《易》；得失之鉴存乎《诗》；是非之辨存乎《春秋》；天下之制存乎《礼》；万物之情存乎《乐》。故俊哲之人，入乎六经，则能服法度之言、察安危之几、陈得失之鉴、析是非之辨、明天下之制、尽万物之情。使斯人之徒辅成王道，复何求哉？

——《上时相议制举书》

258

《格言联璧》（节选）

1　古今来许多世家，无非积德。天地间第一人品，还是读书。

——《学问类》

2　谦退是保身第一法，安详是处事第一法，涵容是待人第一法，洒脱是养心第一法。

——《存养类》

3　意粗性躁，一事无成。心平气和，千祥骈集。

——《存养类》

4　天薄我以福，吾厚吾德以迓之。天劳我以形，吾逸吾心以补之。天危我以遇，吾亨吾道以通之。天苦我以境，吾乐吾神以畅之。

——《持躬类》

5　　以恕己之心恕人，则全交。以责人之心责己，则寡过。

——《持躬类》

6　　何以息谤？曰："无辩。"何以止怨？曰："不争。"

——《接物类》

7　　律己宜带秋风，处世须带春风。

——《接物类》

8　　要知前世因，今生受者是；吾谓昨日以前，尔祖尔父，皆前世也。要知后世因，今生作者是；吾谓今日以后，尔子尔孙，皆后世也。

——《齐家类》

9　　至乐无如读书，至要莫如教子。

——《齐家类》

10　　群居守口，独坐防心；知足常乐，能忍自安。

——《惠言类》